GUIA DEL PARQUE NATURAL DE

MONFRAGÜE

Colección
"LA NATURALEZA IBERICA EN GUIAS"

Primer volumen:
GUIA DEL PARQUE NATURAL DE MONFRAGÜE

Segundo volumen:
GUIA DE LA SIERRA DE GREDOS

Tercer volumen:
GUIA DEL VALLE DEL JERTE

Cuarto volumen:
GUIA DEL CAÑON DEL RIO LOBOS

PRIMERA EDICION: Madrid, 1985
SEGUNDA EDICION: Madrid, 1987
TERCERA EDICION: Madrid, 1990
CUARTA EDICION (en rústica): Avila, 1993
QUINTA EDICION (en rústica): Avila, 1995
SEXTA EDICION (en rústica): Avila, 1998

Título: GUIA DEL PARQUE NATURAL DE MONFRAGÜE
© José Luis Rodríguez. Madrid, 1985 y 1998

Edita: FONDO NATURAL, S.L.
Plaza de la Victoria, 4 - 2º 3
Teléf.: 920 256 202
05001 AVILA

Dep. Legal: M-12.682-1998
I.S.B.N.: 84-86430-00-3

Impresión: Imagen Gráfica de Ávila, S.L. - AVILA
Printed in Spain
Reservados todos los derechos

JOSE LUIS RODRIGUEZ

GUIA DEL PARQUE NATURAL DE
MONFRAGÜE

(Fotografías y dibujos del autor)

FONDO NATURAL

A todos los extremeños que, gracias a Dios, han sentido y comprendido la necesidad de amar y defender la extraordinaria naturaleza que el destino les ha legado.

CARTA A LOS LECTORES

Mongragüe es, sin lugar a dudas, un Parque Natural con futuro. Su importancia para la conservación de una serie de especies, muy rarificadas y amenazadas en nuestros días, no podía ser mayor, hasta el punto de que hay quien ha asegurado que allí se encuentra la única esperanza para su salvación, el único santuario de donde puede partir su recuperación, tan esperada y deseada no sólo por los ecologistas y naturalistas de a pie, sino, también, por todas las organizaciones internacionales encargadas de velar por la conservación de la naturaleza.

Ciertamente, gracias a esta particularidad, Monfragüe es hoy un paraje conocido incluso a nivel mundial, pese a que no hayan sido muchas las personas que han tenido la suerte de verlo con sus propios ojos, de disfrutarlo con los cinco sentidos. De esa difusión se han encargado las publicaciones, nacionales y extranjeras, aunque siempre de una manera demasiado escueta, casi esquemática en su contenido y, lo que es peor, carente de las informaciones prácticas tan necesarias de cara al visitante interesado en descubrir personalmente sus múltiples maravillas. Por ello, y porque nosotros también opinamos que se protege mejor aquello que mejor se conoce, nos hemos decidido a editar este libro, esta Guía del Parque Natural de Monfragüe *que usted acaba de abrir. Esperamos tapar ese hueco, subsanar esa deficiencia antes aludida, todo para que en los años venideros el peso humano, que, como es lógico, aumentará progresivamente, no se deje notar dentro del Parque ni en el entorno tan maravilloso y tan representativo del ecosistema típicamente mediterráneo e ibérico. Monfragüe es, en definitiva, patrimonio de todos, pero, como tal, su conservación es, además, una obligación y un compromiso irrechazables.*

LA EDITORIAL

PROLOGO

El incremento exponencial de la población humana, junto con el creciente aumento de su actividad, genera unas necesidades alimenticias, energéticas, de materias primas y de espacio vital, que están determinando una nueva configuración del mundo.

Las explotaciones forestales, agrícolas, ganaderas, pesqueras, industriales, mineras, energéticas, militares o urbanísticas, y las vías de comunicación que las interrelacionan, van ocupando toda la superficie del planeta. Los ecosistemas naturales van siendo destruidos o sustancialmente modificados. Cientos de especies, tanto de animales como de vegetales, son eliminadas de la faz de la tierra directa o indirectamente.

Ciertamente nuestra sensibilidad no alcanza a captar con facilidad la tragedia que la pérdida de una especie viviente supone para el patrimonio genético mundial, mientras que es más vulnerable a la destrucción de un castillo del siglo XIII o de una pirámide egipcia; ojalá podamos comprenderlo antes de que sea demasiado tarde.

Estamos creando, en definitiva, un mundo nuevo en el que no hay lugar para los ecosistemas que nos precedieron; no permitimos la supervivencia de las especies que, en otro tiempo, compartían nuestro mismo biotopo; estamos creando un entorno incompatible con la naturaleza y, lo que es peor, al mismo tiempo ajeno a nosotros mismos.

Ante esta situación real, los Gobiernos de todos los países del mundo, animados por asociaciones internacionales, están creando zonas reservadas, para conservar, al menos, "muestras" de los distintos ecosistemas naturales que cubrían la tierra.

En este orden de cosas, Extremadura dispone del Parque Natural de Monfragüe, verdadera joya-reliquia de lo que fue el ecosistema "Bosque Mediterráneo", que en otro tiempo ocupara ampliamente la superficie de todos los países circunmediterráneos, hoy gran parte de ellos ocupados por desiertos.

Perpetuar estos biotopos, para garantizar la supervivencia de las comunidades de su biocenosis, es tarea importante; pero conseguir el respeto, que sólo puede nacer del conocimiento, es objetivo ineludible; con esta finalidad el Parque de Monfragüe tiene zonas visitables que muestran toda la grandeza de su fauna y su flora.

La GUIA DEL PARQUE NATURAL DE MONFRAGÜE, que prologamos, sirve para conocerlo y nos ayudará a respetarlo. Las maravillosas fotografías realizadas por José Luis Rodríguez, que le sitúan a la cabeza de la fotografía de la naturaleza en Europa, muestran las especies más importantes con la calidad a que nos tiene acostumbrados; incluso la nueva faceta de dibujante, con que José Luis se nos muestra en esta Guía, complementa e ilustra las explicaciones de los textos hábilmente.

Tenemos, por tanto, en nuestras manos la obra, de un gran fotógrafo naturalista, que nace para mostrar la biocenosis del "Bosque Mediterráneo". Sirva para aumentar la sensibilidad, de los lectores o visitantes, hacia el entorno que nos rodea y para hacer de cada uno un defensor de la naturaleza.

Santiago Hernández Fernández
Presidente de ADENEX

INTRODUCCION

Tras la publicación, en la primavera de 1984, de "Monfragüe, sierra brava", muchos lectores mostraron un enorme interés por el Parque Natural en cuestión, concretado preferentemente en visitarlo, en conocerlo personalmente, a ser posible en su integridad. En sus amables comunicados —que más bien habría que interpretar como críticas, por supuesto, constructivas—, nos aducían una falta de datos prácticos, de informaciones detalladas de todo aquello que interesa al visitante, pese a que también casi todos coincidían en resaltar la belleza gráfica y en elogiar la crónica personal por entregas: sin duda, la parte más valiosa, sabrosa y sugestiva de todo el libro. Quizá fuera a raíz de la lectura de estas cartas cuando comprendiese la necesidad de llevar a cabo una nueva obra sobre el Parque, precisamente ésta que usted tiene en sus manos, enfocada fundamentalmente a completar la anterior, aunque, qué duda cabe, sea completa en sí misma. Por ello, puesto que su misión primordial va a ser la de informar de una manera totalmente útil, debía responder a la idea de guía de campo, a la de un manual imprescindible para todo viajero que por tan singulares serranías decidiese aventurar sus andanzas naturalistas. La concepción, pues, nos lleva a la parquedad, a la objetividad, al dato insustituible, al esquema y a la terminología científica siempre que esté aconsejada, todo en aras de la manejabilidad inherente a este tipo de obras.

Pese a todo el razonamiento anterior, una sola idea subyace bajo la tinta de esta GUIA DEL PARQUE NATURAL DE MONFRAGÜE: la de su protección a ultranza, la de su total conservación de cara a un futuro que nadie sabe qué nos deparará. Monfragüe es, hoy por hoy, el más importante —y quizá el último— reducto para algunas especies animales (como el buitre negro, el águila imperial y la cigüeña negra) cuyas exiguas poblaciones, a nivel mundial, hacen de ellas auténticos tesoros vivos que debemos preservar, lógicamente sin desligarlas del entorno que por diversas e imperiosas razones han decidido habitar. Que esta guía sirva, al menos, para encauzar los pasos de todos aquellos que, con su espíritu naturalista o ecologista en bandolera, decidan compartir el soplo vital de este enclave extremeño que ha sido considerado por los expertos como el número uno de los Parques Naturales, representativos del bosque mediterráneo, de toda la Europa Occidental.

En lo que al contenido de esta guía respecta, conviene dejar ahora claro que no pretende ser una obra de erudición, un manual exhaustivo, rebosante de información relativa a cualquiera de los aspectos dignos de tratamiento, por muy insignificantes que éstos sean. Más bien interrta ser una guía básica, centrada únicamente en lo más importante, en lo primero y más necesario de cara al viajero o al científico que visite el Parque por primera vez. Las razones de espacio son, evidentemente, las que exigen esta acotación, ajena, por otro lado, a los deseos iniciales del autor. Esta guía, por consiguiente, debe ser complementada por otras mucho más específicas en temas que aquí aparecen condensados o tratados parcialmente. Tal es el caso de los capítulos dedicados a las aves, a los mamíferos, a los reptiles, a los anfibios, a los peces y a la flora. No es necesario exponer demasiados argumentos para comprender que dentro de esta guía sólo era posible dar cabida a unas pocas especies, que no son, lógicamente, todas las que en Monfragüe pueden observarse, pero sí las más representativas, las realmente interesantes. En cualquier caso, será un buen ejercicio y un mejor entretenimiento para el visitante curioso el tomar contacto con todo aquello que esta modesta guía no puede mostrarle.

La terminología empleada tampoco quiere ser asequible a unos pocos, sino todo lo contrario, de forma que pueda ser comprendida por cualquiera, máxime si se trata de una persona poco versada en temas de zoología, flora o naturaleza en general. Los nombres latinos se han plasmado exclusivamente cuando ha sido necesario.

Finalmente, decir que, con vistas a una posible utilización por parte de extranjeros, ciertamente asiduos en el Parque y no siempre bien informados, se incluyen los nombres traducidos de todas las especies de las que se han conseguido averiguar, además de mapas claros y sencillos, elaborados a partir de las últimas ediciones del Instituto Geográfico y Catastral.

EL AUTOR

BREVE BOSQUEJO HISTORICO

Para el viajero interesado por el pasado de este Parque Natural, el primer objeto de estudio es, sin lugar a dudas, el castillo que se levanta sobre un empinado riscal al borde del Tajo, junto a la actual carretera que une Trujillo y Plasencia. Se trata de una construcción visigótica cuyo estado de conservación (restaurado en 1984) es aceptable dentro de lo que cabe. Según los historiadores, fueron dueños del castillo los bereberes caudillos Tarik y Muza, vencedores en las batallas por las ciudades de Mérida y Toledo. Por acuerdo de ambos, quedó instalado en la zona un fuerte contingente militar, quienes dieron comienzo a las obras de construcción propiamente dichas. Para ellos, cual fiel sinonimia de la realidad natural que tenían ante sus ojos, el lugar pasó a denominarse "Al-Mofrag", que traducido al castellano quedaría en algo semejante a "Monte Fragoso".

Sin embargo, la búsqueda de nuevas pesquisas históricas, sin necesidad de alejarse demasiado del castillo citado, rápidamente puede deparar una grata sorpresa. Esta vez es una cueva prehistórica, digna de este calificativo precisamente por poseer pinturas rupestres de la Edad del Bronce. Su ubicación es casi la misma que la del castillo, sólo que más baja en el escarpado paredón, casi en la base del mismo. En la actualidad, con el objeto de preservarlas de individuos sin escrúpulos o simplemente incultos, están protegidas por una alta verja de hierro, pero lo suficientemente clareada como para dejar ver lo que allí está representado con los clásicos trazos esquemáticos. Unas reflejan escenas de caza, con arqueros y cabras monteses (las cuales debían ser abundantes en la zona en aquella remota época), mientras que otras retratan hombres y mujeres, posiblemente con rangos diferentes debido a la disposición y el tamaño con que aparecen.

También los romanos dejaron su huella en estas sierras, pero fueron barridas en gran medida por los moros en el siglo VIII. Se sabe que construyeron villas y aldeas, y que denominaron al lugar "Monsfragorum", cuya traducción es similar a la ensayada más arriba para el vocablo árabe.

A los moros les sucedieron los cristianos en la regencia de la

Una de las almenas del castillo de Monfragüe sobre la sierra de las Corchuelas, con el Tajo a la izquierda (▲). Detalle de una almena (▼).

comarca, bajo el mandato de Fernando II de León. Paralelamente, la fortaleza fue cedida a la Orden de Santiago. Acto seguido se edificó la ermita que hoy aún se alza en pie adosada a los muros del castillo, donde se guardó la imagen mariana de Nuestra Señora de Monte Gaudio.

Con Fernando III el Santo entra en escena la Orden de Calatrava, quien absorbe a la anteriormente establecida en el lugar, al tiempo que cambia el rumbo y el uso del fortín, dedicándolo a centro de abastecimiento de las tropas encargadas de eliminar a los contingentes moros que aún habitaban en Trujillo y aledaños.

A Fernando III el Santo le sucede Sancho IV. Otra vez acontecen episodios de interés para la comarca, concretados en la fundación de las aldeas de Las Corchuelas y de Almonfragüe, y en la construcción del Puente del Cardenal, bautizado así por haber sido realizado bajo las órdenes del cardenal Juan de Carvajal.

En el siglo XVIII habían desaparecido las dos aldeas citadas. En la región sólo vivían bandidos, pesadilla de las autoridades de entonces. Como solución se creó el pueblo de Villarreal de San Carlos, única población que actualmente existe dentro de los límites del Parque Natural de Monfragüe. En aquellos tiempos su utilidad fue la de dar cobijo a las tropas que tenían la misión de vigilar la zona y escoltar a las carabanas que circulasen entre Plasencia y Trujillo. Posteriormente cayó en el abandono y en la desidia, factores prolongados hasta nuestros días, aunque ahora, con la creación del Parque parece volver a poblarse, principalmente con instalaciones destinadas a prestar servicios a los numerosos visitantes que acuden a contemplar tan impares parajes.

Ya en el siglo XIX, el protagonismo corresponde a varios extranjeros: el viajero Jorge Burrow, cronista interesado por el tema del bandidaje, y el marino capitán Boyton, quien realizó un curioso viaje por el Tajo desde Toledo a Lisboa.

El siglo XX comienza para Monfragüe con la visita de personajes ilustres como Unamuno y como los ingleses Abel Chapman y Walter J. Buck, quienes citarían la majestuosidad natural del enclave en sus obras literarias. Chapman y Buck, autores de la famosa obra "La España Inexplorada" (Unexplored Spain), llevados de su pasión cinegética, dedicaron

Puente del Cardenal sobre el río Tajo (▲). Ermita en la que se aloja la imagen mariana de Nuestra Señora de Monte Gaudio (▼).

muchas jornadas a recorrer las soledades y los más remotos rincones de estas sierras, siempre detrás de las especies animales que hoy personifican al Parque y que enorgullecen a todo aquel que se sienta extremeño y español. Las águilas imperiales, los buitres negros y las cigüeñas negras, amén de buitres leonados, alimoches, águilas culebreras, etc., fueron los objetos de su desvelo, lo cual queda perfectamente revelado en las páginas de su sabroso quehacer narrativo.

En 1928 aparece por Monfragüe el rey Alfonso XIII, de la mano del conocido botánico serradillano Marcelino Rivas, verdadero entusiasta del fenómeno natural que por aquellas lejanas fechas se podía contemplar a lo largo y a lo ancho de miles de hectáreas.

Más adelante, como consecuencia del desastre de la Guerra Civil, la comarca fue arrasada por la mano del hombre y en la medida de las posibilidades de entonces, gran parte de las fincas fueron roturadas y desmontadas, con el objeto de plantar cereales y paliar el hambre de las familias de pastores y campesinos que allí encontraban su modo obligado de vida.

Pese a lo anterior, el Valle del Tajo, quebrado en sus laderas casi paralelas en muchos tramos, permaneció prácticamente intacto. Y como consecuencia, toda aquella franja montañosa virginal siguió conservando sus tesoros naturales, faunísticos y botánicos, lo cual quedó más adelante constatado por científicos como el profesor Bernis y por naturalistas como Jesús Garzón, a quien le correspondería, años después, la ingrata labor de acaudillar la campaña que culminó con la creación del Parque Natural. Todo comenzó con la entrada en escena de máquinas aterrazadoras, que traían consigo posteriores plantaciones de eucaliptos. En pocos meses la fisonomía de sierras espléndidas cambió por completo. El recóndito paraíso biológico comenzaba a ser aniquilado. Jesús Garzón respondió con la mentalización pública, derivada de una dilatada campaña en todos los medios de comunicación. El revuelo fue enorme, lo que llevó a las autoridades del momento a declarar la zona como Parque Natural, según Real Decreto 1927/1979 firmado por S. M. el rey don Juan Carlos el 4 de abril del citado año.

La planicie adehesada extremeña desde la puerta del castillo (▶).

NOCIONES DE GEOGRAFIA

Situación del Parque

En el Decreto de creación de este Parque Natural se contemplan los límites —bien detallados— del mismo, dándole una forma irregular tal y como se aprecia en el mapa de la página 19. Pero antes de cotejar estos límites, conviene que nos situemos a vista de pájaro y que observemos la región donde se encuentra.

En primer lugar descubriremos que nos encontramos sobre el caudaloso río Tajo, represado más abajo, cerca de Portugal, por la enorme mole de cemento de Alcántara. Por su margen derecha aparece un notable afluente: el Tiétar, así como diversos arroyos de régimen estacional. Cerca de su confluencia ambos ríos se acercan sobremanera, lo que ha sido aprovechado para construir las Presas de Torrejón, que cortan el cauce de uno y otro y dan lugar a un poblado de reducidas dimensiones, para el personal de explotación.

Ampliando el horizonte, hacia el Norte, divisamos Plasencia, precedida por Malpartida de Plasencia y la estación de la Bazagona. Al Este está Navalmoral de la Mata, en el centro del triángulo que conforman el Tajo con el Tiétar y la frontera extremeña. Al Sur, Trujillo, en la lejanía. Mucho más cerca, a sólo unos kilómetros, Torrejón el Rubio, igualmente al Sur. Y al Oeste, en la margen derecha del Tajo, Serradilla. La comarca, desde esas alturas, se retrata como un extenso manto verde, salpicado por infinidad de puntitos oscuros, que no son otra cosa que las encinas y los alcornoques que caracterizan este pedazo de suelo extremeño. Junto al río, en ambas márgenes, aparecen sendas cadenas montañosas, poco elevadas, pero de laderas encrespadas y coloreadas por tonalidades más uniformes, que se corresponden con los tintes del matorral mediterráneo, denso y perfectamente conservado. Es ahí, circunscrito a estas elevaciones, donde se encuentra el Parque Natural que nos ocupa.

Con sus 17.852 hectáreas, el recinto protegido comprende parte de los términos municipales de Casas de Miravete, Jaraicejo, Malpartida de Plasencia, Serradilla, Serrejón, Toril y

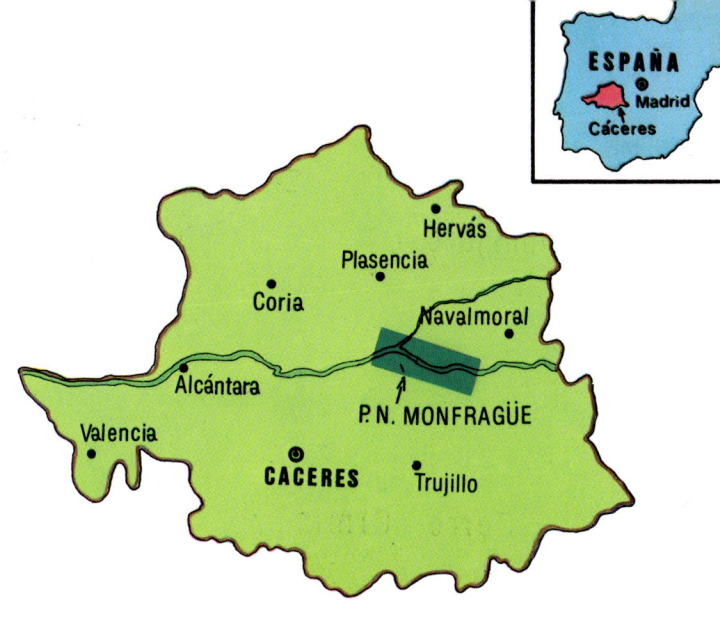

Torrejón el Rubio. En líneas generales, la frontera discurre paralela a la Sierra de las Corchuelas, por el Sur, para cruzar el Tajo y abrazar Peñafalcón. Después se dirige hacia el Norte, para torcer hacia el Este a la altura de la Sierra del Mingazo. Sortea la C-524 que va hacia Plasencia, y se interna por las faldas umbrosas de la Sierra de la Serrana. Más adelante, la línea fronteriza cruza el arroyo Calzones y continúa por la ladera hasta la Portilla del Tiétar, donde de nuevo atraviesa un río —esta vez el Tiétar—, para perderse hacia el Este siguiendo con cierto paralelismo el cauce de las aguas, en dirección a la villa de Almaraz, hasta la altura del Puerto de Miravete, lejos de carreteras o caminos transitables.

La mayor parte de esta superficie pertenece a grandes fincas cinegéticas (tales como "Las Cansinas", adquirida recientemente por el ICONA, con su imponente caserío y su formidable alcornocal), pero con un valor ecológico trascendental para el correcto devenir del Parque.

Núcleos de población

En el apartado anterior constatamos que el Parque Natural de Monfragüe pertenece a los términos municipales de siete pueblos, a saber, Casas de Miravete, Jaraicejo, Malpartida de Plasencia, Serradilla, Serrejón, Toril y Torrejón el Rubio. De éstos, sólo dos superan el millar de habitantes, Malpartida de Plasencia y Serradilla, pero todos reflejan un origen, una arquitectura y un modo de vida semejantes. Por ello vamos a centrar nuestras miras en uno de ellos tan sólo: Serradilla, del que analizaremos todas las facetas que podamos hacer extensivas a los demás.

Serradilla se encuentra situado en la parte oeste del Parque, fuera del mismo, detrás de Peñafalcón. Sus orígenes se remontan a la época romana, lo cual queda comprobado gracias a numerosos vestigios de aquella civilización, tales como sepulcros, lápidas, puentes y otras construcciones (un ejemplo lo tenemos en la llamada "Fuente del Capillo"). En la actualidad, se muestra como un conjunto de edificios que responden al prototipo de la región: calles amplias, de anárquica ordenación, casas más bien bajas, de una, dos o tres plantas, tejados de teja cocida, fachadas encaladas o simplemente desnudas en su menuda pizarra, y plaza principal con casa consistorial. En Serradilla, pormenorizando, existe además una artística torre del reloj y un santuario de la famosa y venerada imagen del Cristo de la Victoria, que adquirió y conserva gran celebridad desde que en el siglo XVII fuera primorosamente tallada por el artista Domingo de Rioja. Los habitantes viven, en su mayoría, del campo y llevan una existencia tranquila y relajada, únicamente animada por las charlas de café o las fiestas populares. Sus quehaceres principales se basan en el cultivo y recolección de cereales, aceituna, frutales, miel y cera, corcho y diversas hortalizas, además de en la ganadería de cabras, vacas, ovejas y cerdos.

Al término judicial de Serradilla, cuyo escudo —dicho sea de paso— representa cuatro cabezas de lobo con una cruz en el centro, pertenece Villarreal de San Carlos, el único pueblo habitado que existe dentro del Parque. En la actualidad, este pueblo alberga unas pocas familias, pero parece que el futuro depara un notable incremento en esta población, consecuen-

Villarreal de San Carlos (▲). Serradilla visto desde la lejanía (▼).

cia directa de la creación del Parque y de la necesidad de servicios que emana de la creciente afluencia de visitantes. Por el momento, la Junta de Extremadura ha instalado allí un centro de información y ya han surgido iniciativas particulares que han puesto en funcionamiento varios establecimientos comerciales (bares y tabernas principalmente).

Además de Villarreal, en el interior del Parque aparece otro núcleo habitado: el poblado de los Saltos de Torrejón, construido para facilitar viviendas a los trabajadores dedicados a vigilar la producción y el correcto funcionamiento de la presa.

Los restantes puntos que cuentan con la presencia del hombre son los caseríos de las fincas incluidas en el recinto protegido, así como las majadas y los chozos de pastores y cabreros. Uno de estos caseríos, citado en el apartado anterior, es el correspondiente a la finca de "Las Cansinas", y consta de una enorme casa señorial, casa de guardas y varias casas de peones. Las majadas y chozos aparecen repartidos acá y allá, casi siempre en el fondo de valles y junto a ríos o arroyos. En Villarreal de San Carlos, pueblo creado para combatir el bandidaje en el siglo XVIII, existen varios chozos recientemente acondicionados con la finalidad de albergar visitantes que quieran conocer y sentir el auténtico modo de vida serrano.

Evolución de la población

En todas las localidades citadas, la evolución de la población en el presente siglo ha experimentado dos fenómenos bien diferenciados. Por una parte, en el período 1900-1950, un crecimiento constante, incluso a mayor ritmo que en el conjunto nacional; y por otra, en el período comprendido entre 1950 y nuestros días, un descenso igualmente acusado, sobre todo a partir de 1960. Las causas principales nos llevan a la consabida emigración ante la imposibilidad de una absorción de la mano de obra por parte del esquema productivo de la comarca. La densidad poblacional se sitúa, por tanto, en un nivel muy bajo, concretamente sin alcanzar los 20 habitantes por kilómetro cuadrado.

Campos y dehesas serradillanas: una imagen típica de Extremadura (▶).

Explotación económica del entorno

Como consecuencia de su propia catalogación como Parque Natural, Monfragüe permite la realización de una serie de actividades humanas destinadas al cultivo y extracción de la riqueza generada, siempre y cuando estas actividades no perjudiquen la integridad natural que se pretende conservar. La más polémica de todas es la caza mayor, ejercitada en forma de monterías a la usanza tradicional, en la que interviene un gran número de tiradores, colocados estratégicamente en puntos con mucha visibilidad, y centenares de perros, cuya misión es la de batir el monte y obligar a las reses cinegéticas —tales como ciervos, gamos o jabalíes— a abandonar sus cubiles y pasar cerca de los puestos de los monteros. En principio, esta práctica puede parecer poco recomendable dentro de un parque natural. No obstante, bien ejecutada (con auténticos monteros respetuosos de la ley de caza y en fechas en las que no se perjudique a las especies reproductoras más madrugadoras), no reviste el más mínimo problema, incluso todo lo contrario, ya que siempre quedan reses heridas que más tarde nutrirán a los componentes de las diversas colonias de aves carroñeras instaladas en las inmediaciones.

Otra actividad permitida es la pesca con caña, con la salvedad de que no puede llevarse a cabo desde botes fuera borda, ya que el ruido producido por éstos podría perturbar la tranquilidad de las especies. Los permisos de pesca son expedidos en Plasencia. Las piezas más frecuentes en estas aguas son la carpa, la tenca, el barbo comizo y el black-bass, aunque tampoco resultan raras la anguila y el carpín (ver páginas 130 y 131).

La ganadería dentro del Parque se centra especialmente en vacuno y caprino. En varias fincas existen, además, pequeñas piaras de cerdos que vagan libremente en pos de su alimento. Las vacas, por su parte, también suelen aparecer en estado de semi-libertad, deambulando a su libre albedrío dentro de los límites establecidos por las alambradas. Las cabras, en cambio, recorren la sierra siempre vigiladas por el cabrero, quien las conduce a la majada cuando la noche se aproxima. En casi todas las majadas, de rústica construcción a base de materia-

Presa sobre el Tiétar con la Tejadilla a la izquierda (▲). Impresionantes estructuras de cemento de la misma presa de Torrejón (▼).

les propios de la zona (trozos de pizarra como ladrilos, barro como cimentante y leña en los tejados) vive alguna familia, aunque cada día son menos las que lo hacen de manera permanente, consecuencia lógica del progreso mecanizado que les acorta las distancias y les permite integrarse en comunidades más cómodas y con viviendas más confortables.

Relativa al ganado vacuno es, asimismo, la tarea de la trashumancia, reflejada muy corrientemente en el Parque al pasar por él la cañada real que une tierras más sureñas con el Valle del Jerte. En primavera y en otoño es cuando se registra un mayor paso de ganados. Un lugar que puede servirnos de referencia es el Puerto de la Serrana, paraje inhóspito que obliga a los rebaños a descender con rapidez hacia lares más generosos.

En la mayor parte de las fincas que conforman Monfragüe existen ejemplares de alcornoques, productores de corcho por consiguiente, lo que, por supuesto, crea a su alrededor y cada nueve años un trabajo que no podemos dejar de contemplar. Pese a todo, esta labor, que es realizada por ágiles campesinos que van de alcornoque en alcornoque con sus caballerías, puede considerarse como la que menos interfiere en el desarrollo de las leyes que allí ha impuesto la propia naturaleza virgen, si se acopta con sus ciclos.

En último lugar hay que citar la apicultura, corriente práctica de los lugareños conocedores de la extraordinaria riqueza del manto vegetal que cubre sus serranías. A Monfragüe llegan, incluso, camiones cargados de colmenas de otras provincias, a la espera de iniciar su producción más temprano (en Extremadura la primavera hace que las plantas florezcan, por ejemplo, un mes antes que en Castilla), y con la esperanza de incrementar la calidad de la producción. Hoy esta artesanal tarea empieza a industrializarse, con la puesta en venta de la "miel de Monfragüe", de muy buen sabor y mejor composición según los entendidos.

Fuera del Parque, además de estas explotaciones camperas, podemos encontrar otras de semejante índole: cultivos de tabaco, olivares, piaras de ovejas, frutales y muy poco cereal, lo cual completa y retrata a la perfección la parca economía de los habitantes de la comarca.

Cabrero (▲). Casa principal del cortijo de Las Cansinas (▼).

Tradiciones, mitos y leyendas

Como ocurre con otras regiones extremeñas, aquí, en Monfragüe y su comarca, también se celebran acontecimientos populares tradiciones y se acrisolan fantásticas leyendas de origen siempre incierto. Entre éstas, la más conocida es la "leyenda de la serrana de la Vera", al parecer bellísima mujer afincada en la zona del puerto que lleva su nombre. Cuentan que en aquella época —segunda mitad del siglo XVI—, debido al fluido tránsito que se registraba por la sierra, fueron muchos los hombres que pagaron con su vida el arrojo de acercarse a tan despiadada señora, cuyos encantos seductores parecían rejuvenecerse cada vez que daba satisfacción a una pretendida venganza de amores. Una leyenda parecida circula por los pueblos del Valle del Tiétar, en la vertiente sur de Gredos.

La "Historia de Noeima" es todavía más antigua que la relatada arriba, concretamente del período de regencia árabe. Noeima era la hija del alcaide del castillo, quien despiadadamente la exilió a las espesuras de las sierras colindantes, bajo el pretexto de castigar un supuesto romance surgido entre la joven y un caballero cristiano. En su tristeza, desde el lugar conocido como "Cancho de la Mora", lloraba desconsoladamente y dejaba caer de sus ojos grandes perlas que se perdían entre la vegetación.

De entre las tradiciones populares de tipo festivo-religioso, la más importante es la romería que anualmente celebran los vecinos de Torrejón el Rubio, Serradilla y Malpartida de Plasencia en torno a la Virgen de Monfragüe, preciosa talla bizantina del siglo XII que permanece custodiada, por el propio castillo, dentro de la ermita adosada al mismo en sus paredes occidentales. Se celebra en abril, y reúne a cientos y cientos de personas, fervorosas o curiosas, que, con su algarabía, invitan a los buitres leonados del cercano riscal de Peñafalcón a sumarse al festejo.

Finalmente, sería conveniente dejar costancia de que el escenario del Parque ha servido para la representación de otro festejo multitudinario: "el día de Extremadura", cuya primera edición vio la luz el 17 de mayo de 1981, contando con gran afluencia popular y con el apoyo de diversas entidades.

Típica fachada de una vivienda de la zona, con la pizarra desnuda en sus paredes.

CLIMATOLOGIA

La comarca a la que pertenece el Parque Natural de Monfragüe soporta los rigores del clima continental extremado, pese a que éste ya quede dulcificado por la influencia mediterránea a que se ve sometida toda la Península, así como al componente atlántico que le corresponde por su ubicación geográfica. Como consecuencia, en la región donde hemos centrando nuestras miras no se registran temperaturas invernales tan frías como las de la Meseta, pero sí tan calurosas en verano —incluso mayores— como las de aquélla. En cifras, podemos decir que en la zona del Parque, dentro del amplio ámbito que refleja el mapa-gráfica de la página de la derecha, se halla, en cuanto a pluviosidad, dentro de los 600 a 800 milímetros de media anual, aunque posee una franja norteña en la se llega a los 1.000. Las temperaturas, por su parte, pueden oscilar entre los —3° C y los 43° C, mínima y máxima absolutas respectivamente. Las temperaturas medias mensuales aparecen reflejadas en la gráfica de la página derecha, conformando una curva característica en toda la región extremeña. Es obvio decir que las medias máximas se sufren durante el mes de julio, con cifras en torno a los 27° C. Con estos datos, pese a considerar que el Parque se encuentra aproximadamente en el centro del triángulo formado por Hervás, Cáceres, y Guadalupe, podemos comprobar que el clima se acerca al de la segunda localidad, quedando muy distante del registrado en las otras dos (las medias de Cáceres quedan ligeramente por debajo de las anotadas para la comarca de Monfragüe, a su vez muy por debajo de las exhibidas por Hervás y Guadalupe, cuya ubicación montana explica la diferencia). En opinión de los expertos en Meteorología, las particularidades climatológicas del Parque Natural de Monfragüe y sus lares circundantes se debe, fundamentalmente, a su disposición en torno al amplio canal del río Tajo, paso obligado por el que se dejan sentir factores medioambientales propios del cercano Atlántico. También influye, aunque en menor manera, la casi perfecta conservación de la cobertura vegetal que prospera sobre los valles y serranías que configuran la agreste región, ya que a esta vegetación se debe la instauración y la consiguiente conservación de su propio microclima.

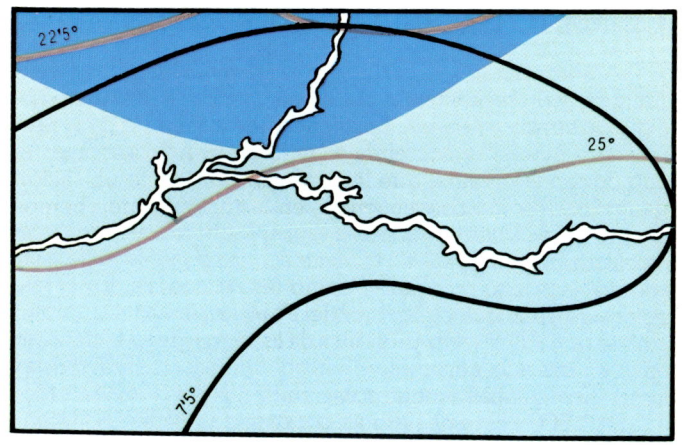

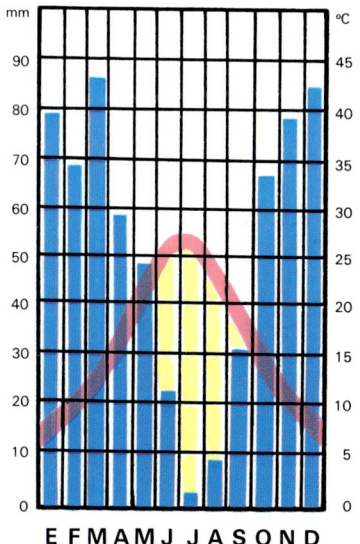

GRAFICA SUPERIOR:
- Precipitaciones medias anuales:

  ▨ de 600 a 800 mm

  ▨ de 800 a 1.000 mm

- Isotermas.

  ▬ de enero

  ▬ de julio

GRAFICA IZQUIERDA:

- Precipitaciones medias mensuales

- Curva de temperaturas medias a lo largo del año.

ESTUDIO GEOLOGICO Y OROGRAFICO

En la práctica totalidad de la geografía cacereña o altoextremadurense (la Baja Extremadura corresponde a la provincia de Badajoz, donde, dicho sea de paso, los componentes geológicos resultan netamente diferenciados de los de la Alta Extremadura), predominan los terrenos antiguos, datados desde el precámbrico hasta el silúrico. Destacan asimismo los depósitos continentales terciarios y cuaternarios. De este modo, podemos explicarnos la presencia, casi exclusiva, de pizarras y cuarcitas, como rocas conformadoras del subsuelo que soporta el suelo propiamente dicho, con sus diferentes tierras (que más adelante veremos) y su abundante vegetación, o como elementos paisajísticos directos, en forma de impresionantes moles desnudas emergidas, a su vez lugares muy llamativos por la gran cantidad de aves que concentran. La disposición en diferentes niveles de las susodichas facies pizarrosas o cuarcíticas se deben precisamente a los períodos cámbrico y silúrico, dentro de la Era Primaria o Paleozoica, caracterizada por una actividad volcánica enorme y por los plegamientos caledoniano y herciniano. Como bien podemos comprobar en el mapa-gráfica de la página de la derecha, la comarca donde se encuentra el Parque Natural de Monfragüe presenta básicamente terrenos originados dentro de los citados períodos. No obstante, también aparecen, al Noreste, restos terciarios, los cuales pertenecen en concreto al período mioceno, en el que predominó una gran actividad orogénica, con gran influjo sobre el movimiento de los continentes y la consiguiente definición de las cuencas de los grandes ríos.

En cuanto a los suelos de esta región (representados en la página de la derecha, en el mapa-gráfica inferior), lo más importante es constatar que se trata de suelos ácidos ricos en sílice, producto de la meteorización de las pizarras silíceas situadas debajo. Son de escasa profundidad sobre todo cuando están situados en laderas de pendiente acusada, lo que les reporta un alto grado de erosionabilidad y la consiguiente pérdida de la capa de materia orgánica (humus). La vegetación, por tanto, resulta de suma importancia para evitar ese desequilibrio con su consiguiente pérdida de agua.

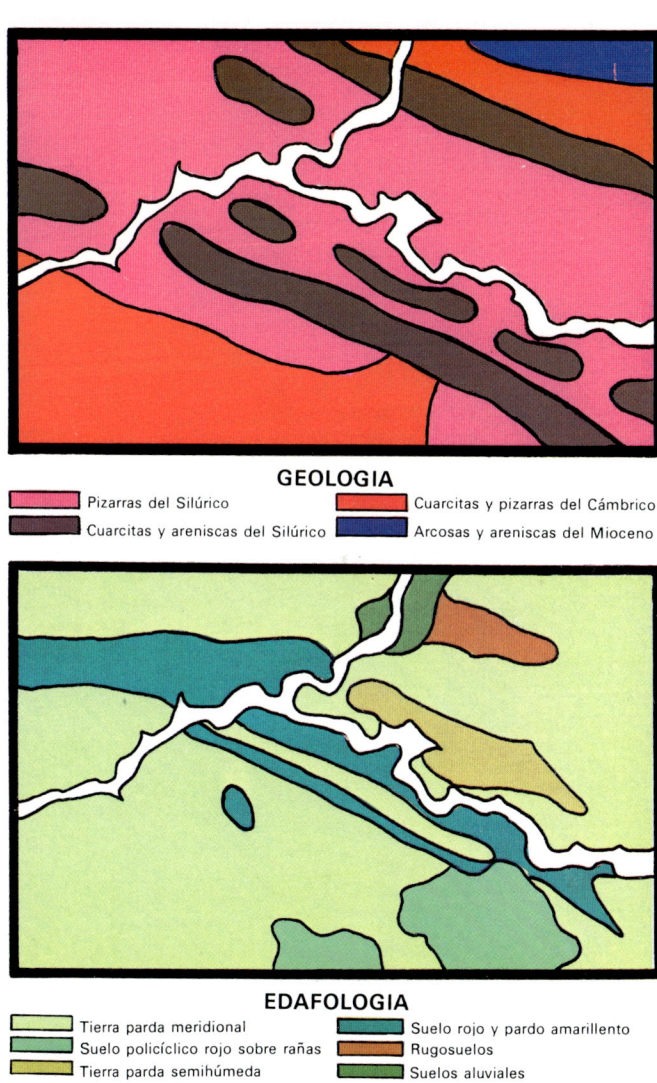

Detalle de un roquedo de pizarras sobre el arroyo de la Vid.

Detalle de un roquedo de cuarcitas de la gran mole de Peñafalcón.

El panorama anterior, que sufrió el embate de diversos tipos de materiales arenosos y arcillosos tras las fracturas acarreadas por la orogenia alpina, se completa con las denominadas rañas, que no son otra cosa que conglomerados de poco espesor —en torno a los 5 metros, aunque pueden quedarse en 2 o llegar a los 8— a base de cantos redondeados de cuarcita, engastados en un pasta arcillosa roja de adscripción árida. Su datación nos remonta hasta el plioceno, lo que hace que su asentamiento sea posterior a la elevación de las serrezuelas cuarcíticas junto a las que suelen aparecer.

El resultado de los diferentes avatares enumerados en los párrafos anteriores, de cara ya a los intereses del viajero visitante del Parque Natural de Monfragüe, se concreta en una serie de valles y colinas, en un relieve muy accidentado que salta a la vista. El estudio cartográfico puede ayudarnos, sobre todo para localizar y conocer las cotas más altas, los desniveles y la presencia de cualquier otro elemento orográfico. Así comenzando por las cimas, rápidamente descubriremos que apenas superan los 500 metros de altitud. Ese es el caso de Peñafalcón, con 528 metros, del Pico Monfragüe, con 512 metros (se encuentra situado en la parte oeste de la Sierra de Corchuelas, antes de llegar al castillo), de Pico Corchuela, con 540 metros, del Puerto de la Serrana, con 523 metros, y del Casar de Elvira, cuya altitud es de 570 metros. Estas alturas, reflejadas en el paisaje en forma de sierras de líneas suaves y poco pendientes, configuran a su vez la red hidrográfica compuesta por el Tajo, el Tiétar y numerosos arroyos por ambas márgenes. La mayor parte de estas corrientes de agua discurren a altitudes que difícilmente superan los 300 metros. El Tajo lo hace, durante todo el trayecto del Parque, entre los 150 y los 200. La superficie de las aguas, por efectos del embalsamiento debido a la Presa de Torrejón, queda a poco más de 300 metros. En la salida del Parque, donde el agua no sufre la retención de un dique cercano, esa altitud desciende hasta los 180 metros. El Tiétar, por su lado, adolece de semejante circunstancia, por lo que la superficie de sus aguas se mantiene normalmente en torno a los 220 metros, dependiendo, lógicamente, de las precipitaciones y de la disponibilidad o las necesidades de la central eléctrica.

La mejor conjunción entre las sierras y los ríos o arroyos

Alineaciones montañosas que encauzan el río Tajo dentro de Monfragüe.

queda en evidencia en aquellos puntos en los que las aguas se ven obligadas a sortear las dos cadenas montañosas —referidas en otro lugar— que se disponen casi paralelamente a los dos lados del curso del Tajo. Lo que entonces originan se denominan localmente portillas y responden al modelo del conocido Salto del Gitano, esa bellísima angostura en la que las cuarcitas desnudas forman una cerrada uve muy profunda, en cuyo seno corren las aguas que la Presa de Torrejón deja escapar. Pero no siempre estas verticales paredes se desploman sobre un ancho caudal hídrico, sino que pueden hacerlo sobre un pequeño arroyo enmarañado o incluso seco por efecto de los rigores estivales. La Portilla del Tiétar, visible desde la carretera que llega al Parque desde Navalmoral de la Mata, es otro ejemplo de la conjunción roca-agua citada como modelo unas líneas más arriba (fotos del Salto del Gitano y de la Portilla del Tiétar en las páginas 47 y 49 respectivamente).

LOS ECOSISTEMAS

Si hace tan sólo unas páginas hemos considerado oportuno situarnos a vista de pájaro para abordar con claridad el capítulo relativo a la ubicación geográfica del Parque, ahora, aunque nuestro objetivo sea diferente, también sería aconsejable. Así obtendríamos una visión más amplia y comprobaríamos la existencia de tres grandes ecosistemas. Más adelante, tras la observación detenida y pormenorizada, lo mejor sería bajar, descender a tierra firme y contactar directamente con cada uno de ellos, palpándolos y analizándolos si fuera necesario. En cualquier caso, los ecosistemas en cuestión son los siguientes:

— El bosque y matorral mediterráneos.
— El roquedo de pizarras y cuarcitas.
— El medio acuático.

Desde arriba cada uno se delata por su propio color (verde en el bosque y matorral mediterráneos, pardo en el roquedo, con grandes manchas amarillas debidas al tapiz de líquenes, y azulado en las zonas de agua embalsada). Desde abajo, además, lo hacen por una serie de características morfológicas perfectamente reconocibles. En los capítulos que vienen a continuación, dedicados monográficamente a cada ecosistema, veremos detalladamente cada uno de los componentes de los mismos. Ahora sólo vamos a ocuparnos de interrelacionarlos, de presentarlos como un todo único que no conviene desgajar si no se pretende acarrear el detrimento del conjunto. Y es que cualquiera puede comprobar cómo se fusionan los unos en los otros. Los roquedos, por ejemplo, emergen en la ladera entre impenetrables matorrales, o se salpican de menudas encinas en sus faldas. En otros lugares caen directamente sobre el agua ambalsada. Las encinas, las jaras o los madroños también nacen al borde del agua, clara señal de que también existe un bosque mediterráneo sumergido bajo la superificie. En angostas vallejadas esa misma vegetación oculta en su seno arroyos cristalinos...

En cualquiera de los tres ecosistemas, el flujo de materia viva resulta muy notorio, fruto de la elogiable riqueza biológica del paraje y de su equilibrio ecológico levemente alterado por el paso del tiempo. Las cadenas tróficas surgidas, por consiguiente, conservarán todos sus eslabones en la mayoría de los casos, especialmente aquellas menos largas y complejas. Entre otras, a título anecdótico, podemos reflejar aquí las siguientes:

hierba → conejo → águila imperial
hierba → ciervo → buitre negro
algas → sapo común → culebra escalera → águila culebrera
madroño — lirón careto → comadreja → ratonero → búho real

Como bien puede observarse, tres de ellas se inician en el medio terrestre (1.ª, 2.ª y 4.ª) y una en el acuático (3.ª). Todas, excepto una, la segunda, están aparentemente completas, es decir, no parece faltar ningún eslabón. En la incompleta tenemos, pues, un productor: hierba; un consumidor de primer orden: el ciervo, y un consumidor de tercer orden: el buitre, a su vez considerado como necrófago, lejos de la catalogación de depredador que necesitamos entre el consumidor o fitófago y el necrófago que se encarga de la desintegración de los componentes del eslabón precedente. Lo que esta cadena refleja es, precisamente, la falta del lobo, especie hoy exterminada en la comarca. Su papel lo representa ahora el hombre, actuando sobre los ciervos en forma de monterías de periodicidad suficientemente breve como para abastecer de algún modo a las poblaciones de necrófagos allí existentes. Si en esta misma cadena cambiamos el buitre negro por el leonado, cosa perfectamente factible, obtendremos una nueva prueba de interrelación entre ecosistemas diferentes, ya que el buitre leonado pertenece al roquedo y el ciervo y la hierba al bosque y matorral mediterráneos. En las restantes cadenas también se puede constatar algo semejante, sobre todo en la tercera, en la que el productor, algas, pertenece al medio acuático, así como el sapo común en su estado larvario, mientras que la culebra de escalera y el águila culebrera, a su vez consumidores secundario y terciario respectivamente, se deben al ecosistema terrestre arbolado.

Sentados estos precedentes, vayamos con cada ecosistema por separado.

1) El bosque y matorral mediterráneos

Para cualquier viajero que se dirija hacia el Parque, la primera impresión recibida del entorno será, en efecto, la de encontrarse materialmente rodeado por este ecosistema tan típicamente ibérico. Porque incluso desde muy atrás, a decenas de kilómetros de las fronteras del Parque, el paisaje no posee otra cosa que elementos característicos de la formación biológica que nos ocupa. Las dehesas, que son bosques mediterráneos aclarados por la mano del hombre, son interminables. También abundan los alcornocales, algunos muy viejos, con extensos jarales a sus pies.

La llegada al Parque deja adivinar con rapidez un leve cambio en estos componentes. En algunos parajes han desaparecido por completo, siendo sustituidos por los vituperados eucaliptos. En otros, sin embargo, aparecen perfectamente conservados, normalmente entremezclados con otras especies asimismo representativas del ecosistema en cuestión, tales como brezos, madroños, acebuches, genistas, cornicabras, etc., las cuales, junto con las otras, serán tratadas a partir de la página 132. Un estudio exhaustivo de la totalidad de la superficie de Monfragüe nos revelaría los dominios reales del auténtico bosque y matorral mediterráneos. En algunas áreas sólo encontraríamos matorral, es decir, arbustos mezclados con pequeños árboles dispersos (este es, por ejemplo, el caso del tapiz vegetal que recubre varias sierras de la finca "Las Cansinas", especialmente visibles cuando se llega al Parque por la carretera que discurre junto al Tiétar), mientras que en otros se trataría de bosque genuino, con predominio de grandes árboles agrupados densamente (un ejemplo lo tenemos en las laderas que encauzan el Tajo y en numerosos puntos del resto de la geografía del Parque). También puede ocurrir que especímenes de arbustos conformen verdaderos bosques, cosa ciertamente poco corriente, pero que en Monfragüe queda perfectamente evidenciado, concretamente con la especie conocida como madroño (pág. 144), la cual alcanza alturas superiores a las de las propias encinas. Se trata, con seguridad, de piezas centenarias y pueden contemplarse, sin ir más lejos, en las laderas de la sierra de Las Corchuelas, que se desplo-

Jara blanca, la especie más característica del matorral mediterráneo.

man sobre la carretera C-524, en el tramo que discurre paralelo al río Tajo poco después de sobrepasar Peñafalcón si se circula hacia Plasencia.

En el ecosistema que nos ocupa, este tupido dosel vegetal constituye el primer piso de la pirámide ecológica que podemos establecer. De él se nutren los fitófagos, personificados en especies como el ciervo, el gamo, el jabalí, el conejo, la liebre y el lirón careto (tratadas en las páginas 94 a 107), así como varias especies de aves granívoras y frugívoras, sin olvidar a una auténtica legión de insectos. Sobre éstas, a su vez, prosperan los carnívoros y los insectívoros, por ejemplo, el águila imperial, el águila calzada, el milano negro, el lince mediterráneo, el zorro, el abejaruco, la abubilla, etc. La cúspide de la pirámide aparece ocupada por los carroñeros, en concreto por el buitre negro, especie cada día más rarificada y amenazada dentro de su reducida área de distribución geográfica.

Pero volvamos la vista hacia el esquema botánico antes referido, esta vez para estudiar su particular adecuación a las exigentes condiciones climatológicas imperantes en esta región. De este modo, nos percataremos de que casi todas las especies poseen hojas más bien pequeñas, estrechas y coriáceas, muy diferentes a las de las especies caducifolias. Las hojas de estos árboles y arbustos del bosque y matorral mediterráneos permanecen sobre las ramas durante todo el año, con lo que se ven en la necesidad de resistir los rigores del clima, ya sea calor tórrido, frío invernal, sequía o exceso de agua. Por ello su configuración es tan particular, tan enjuta, tan mínima en sus proporciones, resultado lógico del proceso evolutivo a que la naturaleza les ha sometido.

En Monfragüe, la conservación de este ecosistema puede considerarse como muy aceptable, pese a que ya haya soportado el peso de la poderosa maquinaria aterrazadora en diversos enclaves. Allí donde no ha sido alterado, su estado de virginidad nos permite analizar su función dentro de la naturaleza, especialmente como el más importante factor para impedir la erosión de los suelos sobre los que se asientan estas masas esclerófilas. Pero la valía del ecosistema llega todavía más lejos, sobre todo en esta época que vivimos en la que sólo nos quedan manchas relícticas como representantes de una asociación biológica que en su momento de esplendor ocupó

Dehesa de las Corchuelas (▲). Alcornocal de las Cansinas (▼).

Hojas y fruto de madroño. Su comestibilidad, bien conocida por las especies animales del bosque mediterráneo, hace de este fruto un importante recurso durante los meses otoñales. Tanto grandes como pequeños mamíferos encuentran en él un delicioso manjar.

el setenta por ciento de la superficie de la Península Ibérica. El proceso de aniquilación o degradación continúa los derroteros marcados por la civilización del consumo, tan negligente en cuestiones tan transcendentes. Y puede que en un futuro no muy lejano este pedazo de bosque y matorral mediterráneos, encerrado dentro de los límites del Parque Natural de Monfragüe, sea el único ejemplo y la última muestra que puedan admirar las generaciones venideras. Quizá entonces se llegue a comprender el significado del parricidio que estamos cometiendo y hemos cometido contra numerosos parajes en su día idénticos a los que ahora observamos.

Bosque y matorral mediterráneos con una franja intermedia de eucaliptos.

2) El roquedo de pizarras y cuarcitas

Anteriormente hemos dejado constancia de que en el Parque los tres ecosistemas presentes quedan perfectamente interrelacionados, de manera que a veces resulta difícil establecer las líneas o contornos de separación entre ellos. No obstante, puesto que ahora nuestro objetivo es analizar detalladamente el que hemos colocado en segundo lugar, vamos a aguzar nuestra vista y, sobre todo, vamos a centrarnos en aquellos representantes de este ecosistema que saltan a la vista; en los más grandiosos, aunque también dediquemos después unas líneas a los restantes.

Comenzamos, pues, por la gran mole de Peñafalcón (fotografía de la página de la derecha), cuya ubicación ya ha sido citada en diversas ocasiones (enfrente del castillo de Monfragüe, al otro lado del Tajo, a la izquierda de la carretera que se dirige de Torrejón el Rubio hacia Plasencia). A grandes rasgos, se trata de un grandioso conjunto de cuarcitas con unos trescientos metros de caída, escalonada pero con gran inclinación sobre todo en los últimos metros, cerca del agua. Por su singular configuración, origina gran cantidad de repisas y covachas, lo que ha dado pie al asentamiento de una gran colonia de aves típicamente roqueras: los buitres leonados, además de otras especies igualmente inclinadas a construir sus nidos en tal medio, como es el caso de la cigüeña negra, el alimoche y el halcón peregrino, con la salvedad de que este falcónido ni siquiera precisa aportar materiales a su plataforma, sino que construye su nido sobre el terreno, en la más somera concavidad. La majestuosidad de este conjunto rocoso, denominado Salto del Gitano si consideramos también las rocas del lado del río donde nos encontramos, es decir, las de enfrente de Peñafalcón, se debe sin duda, a estas especies, cuyos representantes evidencian, con sus idas y venidas, el ritmo vital tan espectacular allí establecido. Porque, sobre todo por parte de los buitres leonados, aquel lugar siempre cuenta con aves en vuelo, entrando o saliendo de las plataformas, trazando tornos

La gran mole cuarcítica de Peñafalcón con sus buitres leonados sobre la cima: un espectáculo frecuente junto a las aguas del Tajo (▶).

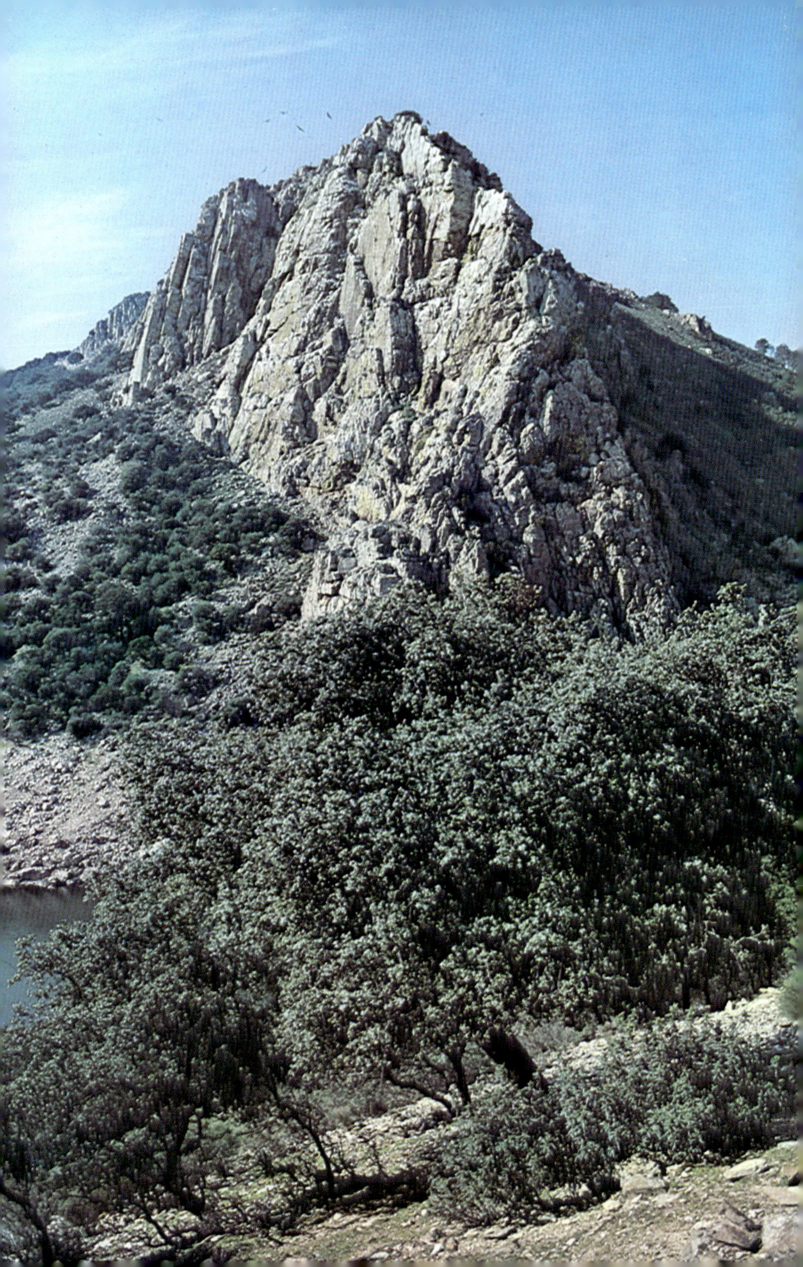

en lo alto, entregadas a los vuelos nupciales si es la época apropiada. Y ni siquiera es necesario armarse de potentes aparatos ópticos para avistarlos. Los buitres leonados viven allí todo el año y no tardan en saltar de sus repisas y dejarse ver. Mientras permanecen posados, sin embargo, pese a que se sabe que están enfrente y que su número no es escaso, la visualización es más difícil, incluso con catalejos de muchos aumentos. Porque el camuflaje, derivado de su adaptación al entorno, resulta casi perfecto. Pero siempre es posible recurrir a las grandes manchas de excrementos blancos dibujadas sobre las piedras. En unos casos se tratará de nidos, en otros, de simples posaderos. Los buitres leonados aparecerán dentro de nuestro campo visual sin demora.

La cigüeña negra, por su parte, dado su talante más recatado a la hora de anidar, nos lo pondrá más difícil. Observarla en vuelo no lo será tanto. Un poco de paciencia nos recompensará con su blanquinegra silueta constrastando con los ocres del fondo. Y puede que hasta nos revele dónde está su nido. Durante muchos años ha venido anidando en la parte izquierda de la gran roca, abajo, cerca del agua. Ahora parece preferir otro enclave todavía más protegido. Se trata de una covacha profunda, cercana al agua también, pero más en el centro del cantil. Aquí sólo está presente una pareja, pero según los informes extraoficiales dentro del Parque habitan por lo menos media docena de ellas.

Si la llegada al Parque se produce por la carretera de Navalmoral de la Mata, la primera imagen del roquedo no es tan grandiosa, pero es suficiente para comprobar su belleza y su estructura. Se trata de la Portilla del Tiétar (fotografía de la página de la derecha), nacida entre impenetrables masas de matorrales propios del ecosistema abordado en el apartado anterior. Con un poco de suerte divisaremos sobre las rocas algún buitre leonado, aunque quizá sólo sean ejemplares nómadas e inmaduros, ya que hace varios años que no anidan aquí. La construcción de la carretera y su consiguiente afluencia de vehículos y curiosos parece ser el motivo del abandono por parte de los carroñeros.

Continuando por la carretera, una vez sobrepasado el poblado de los Saltos y cruzada la presa sobre el Tiétar, nos encontramos con un nuevo roquedo, levantado al otro lado

Portilla cuarcítica del Tiétar, hoy con escasas manifestaciones vitales.

del río, que recibe el nombre de La Tajadilla. En este vertical cantil la cosa cambia. Las aves sí que anidan allí. Lo primero que saltará a nuestra vista serán varias parejas de buitres leonados. Tampoco tardará en hacerlo la cigüeña negra. Y, finalmente, se delatará el alimoche. Una buena lección, sin duda, para el aficionado.

Las restantes muestras de este ecosistema son menos notorias si tan sólo consideramos aquellas que podemos divisar desde la carretera. Pero, en honor a la verdad, hay que dejar constancia de que existen muchas más, repartidas por toda la superficie del Parque, especialmente junto al cauce hídrico que recorre el mismo. Preferimos no citarlas ni localizarlas, ya que prácticamente todas ellas quedan en puntos de difícil acceso o en zonas catalogadas como reserva integral, a las que no se puede ni se debe entrar. El correcto devenir de estas especies tan celosamente atesoradas por este maravilloso enclave debe ser procurado por todos y debe prevalecer por encima de cualquier interés particular.

El roquedo, aparte de las aves, nos ofrece la posibilidad de tomar contacto con otros campos de la ciencia de la biología. Los botánicos aseguran que en este ecosistema también abundan las especies vegetales, algunas de gran belleza, como el denominado *Umbilicus rupestris* (que aparece fotografiado en la página 153), capaz de nacer sobre la roca misma, aferrado a un minúsculo tapiz de musgos o líquenes, a su vez de gran belleza y exuberancia, especialmente cuando las rocas están orientadas al Norte. Estos musgos y líquenes tienen un papel ecológico muy importante, que no es otro que el de contribuir a la degradación del roquedo y a la consiguiente formación del suelo, sobre el que después encontrarán asiento las especies vegetales. En todos los roquedos, tanto de cuarcitas como de pizarras, resulta particularmente notable la presencia de líquenes amarillos, que llegan a revestir paredes enteras y a hacerse visibles desde la lejanía.

El esquema biológico del ecosistema que estamos analizando se completa con numerosas especies de aves de grande, pequeña y mediana talla, así como con mamíferos y reptiles, pero de ellos nos ocuparemos en el capítulo dedicado a la fauna, prestando especial atención a las más representativas y abundantes.

Un detalle rocoso del Salto del Gitano, junto a la carretera C-524.

3) El medio acuático

Como los dos anteriores, este ecosistema contribuye a la configuración de la imagen que hoy presenta este maravilloso Parque Natural. Y puede decirse que lo hace quizá en menor medida que aquéllos, pero con un papel asimismo trascendental, hasta el punto de permitirnos asegurar que de él depende en gran medida la preservación de los parajes más salvajes. Incluso podemos llegar más lejos, para afirmar que el Parque muestra precisamente la imagen comentada gracias a los condicionantes impuestos por las grandes masas de agua durante los últimos decenios. Qué duda cabe que al no existir puentes tampoco existen caminos que a ellos conduzcan. Las riberas, por tanto, se ven libres de la presencia de los seres humanos y de sus casi siempre negativas actividades con respecto al equilibrio ecológico. En Monfragüe, ambas márgenes del Tajo, sobre todo desde la presa de Torrejón hacia arriba, aparecen tapizadas por una masa impenetrable de arbustos y árboles de tipo mediterráneo. En estas espesuras, por las que puede que no haya pasado todavía ser humano alguno —salvo los corcheros allí donde existe esta especie arbórea—, se esconden especies tan valiosas como el lince ibérico y anidan otras igualmente catalogables, por ejemplo, el buitre negro, amante de parajes solitarios que cada día, con su descenso paulatino, nos avisa de su intransigencia ante la presencia del hombre. El contrapunto lo tenemos en los tramos donde sí existen puentes —el de El Cardenal es uno de ellos—, en los que no hace falta abundar en las pesquisas para comprobar las huellas que la civilización ha grabado de forma duradera. Ni que decir tiene que allí, en las inmediaciones de estos lugares, apenas encontraremos muestras de esa vida animal tan ligada a los hábitats más virginales.

El medio acuático en Monfragüe, aparte de contar con los anchos cauces embalsados de los ríos Tajo y Tiétar, que reportan a este ecosistema una grandiosa imagen, goza de otros cauces más pequeños pero igualmente dignos de ser tenidos en cuenta. Estos arroyos (Barbaón, Calzones y de la Vid, los dos últimos aparecen dibujados en el mapa de las páginas 18 y 19), crean a su vez una variación en el ecosistema acuático

Dos imágenes del Tajo embalsado a su paso por el Parque Natural de Monfragüe.

tipo originado por los embalses. Si aquéllos, por efecto de las subidas y bajadas del nivel, carecen de vegetación fija en las riberas y, por consiguiente, de sotos, éstos, los arroyos, gracias a su aceptable estado de conservación, sí pueden enorgullecerse de poseerlos. En algunos tramos, estos sotos abrazan totalmente el curso de las aguas, creando un ambiente enmarañado de gran belleza (como el que aparece en la fotografía de la página de la derecha) y riqueza faunística, con numerosas especies de aves insectívoras y mamíferos ribereños. Entre las aves podemos citar la presencia de currucas, mosquiteros, carboneros, papamoscas, lavanderas, petirrojos, mirlos, alcaudones y oropéndolas; y entre los mamíferos: nutrias, ratas de agua y turones. En el seno de las aguas abundan los pececillos, además de anfibios y reptiles acuáticos, los cuales abordaremos más adelante, en las páginas 110 a 131.

Antes de la creación de los embalses (que en opinión de algunos ecologistas han ocasionado al río Tajo más inconvenientes que beneficios, siendo el primero el haberle robado la fluidez de sus aguas), las aguas discurrían en niveles mucho más bajos, sin fuertes y rápidas fluctuaciones de nivel. Entonces bien seguro que existirían riberas boscosas y sotos en abundancia. Es algo que ha sucumbido bajo las aguas y que nunca volverá a ser lo que era. El cambio en el medio, pese a todo, ha traído ciertos aspectos positivos que tampoco debemos poner en duda. Las masas tan enormes de agua embalsada poseen una superficie muy extensa, lo que induce a diversas especies de aves acuáticas a instalarse sin temores. En ese caso están sobre todo las aves invernales, tales como garzas reales, cormoranes grandes, gaviotas reidoras, fochas comunes y ánades reales. Los peces, lógicamente, también se han visto favorecidos, aunque algunas especies, como la viajera anguila, ven frenadas sus migraciones ante los infranqueables muros de cemento de las presas. Ante semejante impedimento, no les queda más remedio que adaptarse a las nuevas exigencias, y según parece lo han conseguido de forma satisfactoria para las propias especies. Hoy puede con-

Bellísima imagen de un soto originado junto a un arroyo (▶).

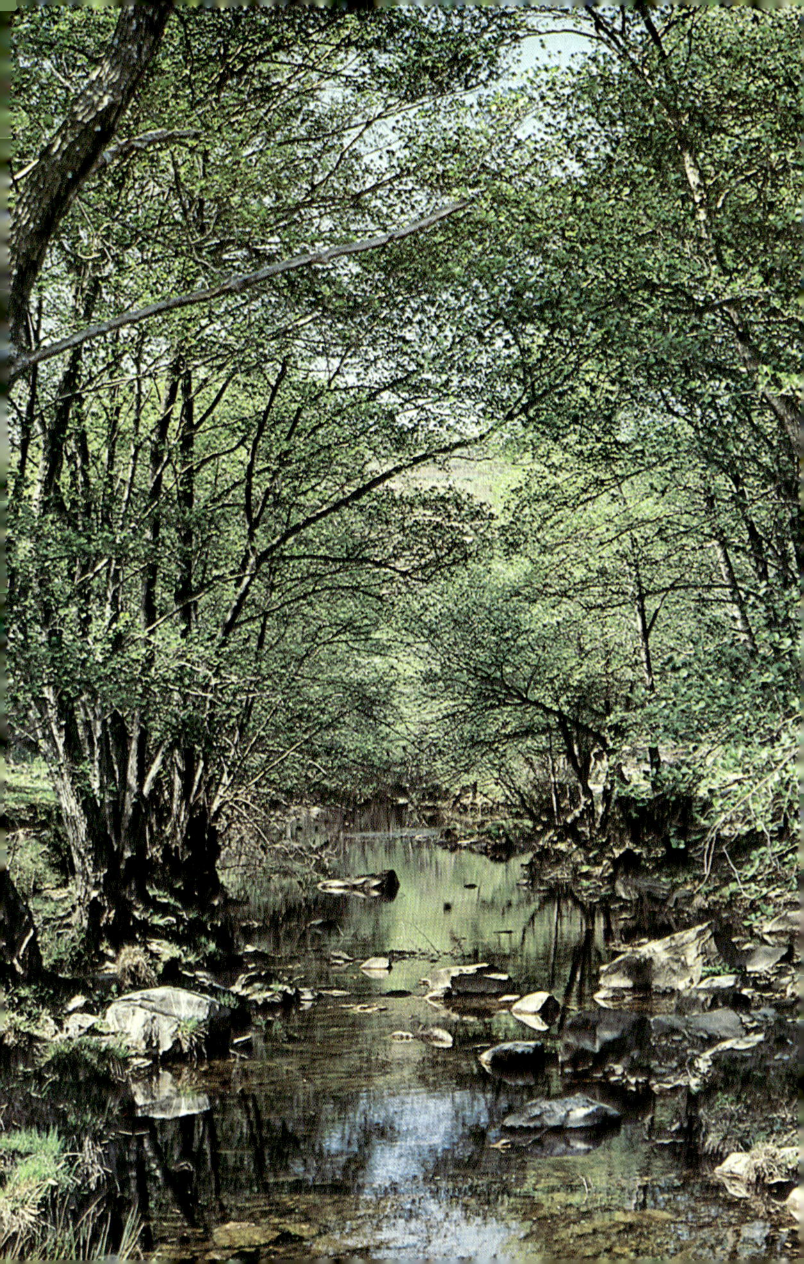

siderarse que la población ictícola resulta muy abundante en todas las aguas embalsadas en Monfragüe.

Los embalses resultan, en definitiva, rentables para el espectro biológico del Parque, ya que potencian la abundancia de seres vivos, pero no son capaces de desprenderse, por sí mismos, de una seria amenaza, de un peligro latente que recibe el nombre de eutrofización, fenómeno que se desencadena cuando las aguas se fertilizan en exceso tras la descomposición de la materia orgánica. Lo que entonces ocurre no es otra cosa que un desarrollo explosivo del fitoplancton, especialmente en verano, cuando la superficie de las aguas está más tibia. Las algas forman entonces una gruesa capa que apenas deja pasar la luz a las profundidades. Así, abajo, todas las plantas verdes acaban muriendo y sedimentándose en el fondo, en proporciones que a veces superan el kilogramo de materia orgánica por metro cuadrado de terreno. El proceso se continúa con el agotamiento del oxigeno disuelto en el agua y con la consiguiente formación de amoniaco y sulfuros, además de otros muchos productos químicos muy nocivos que sólo pueden conducir a las especies animales a una muerte segura. En algunos embalses este problema se presenta sencilla y simplemente al quedar sepultada bajo las aguas la densa capa vegetal de las riberas. También influye sobremanera el aporte de sustancias de desecho por parte de industrias o de centrales nucleares. Todos estos agentes pesan hoy sobre el cauce embalsado que atraviesa el Parque de Monfragüe. Río arriba, en Almaraz, existen dos reactores nucleares. En Navalmoral, una industria papelera. Y más arriba, quién sabe qué. Las riberas ya fueron sepultadas en su día. El lamentable desencadenamiento de la eutrofización aún no ha llegado. Esperemos que no lo haga por mucho tiempo.

El ciclo anual del Parque presupone para este medio acuático una serie de cambios muy significativos y que deben ser tenidos en cuenta. El verano, con sus tórridos calores y su falta de precipitaciones, acarrea un fuerte descenso del nivel de las aguas embalsadas (lo que crea un buen campo de cultivo para la detestada eutrofización), así como la sequía absoluta de las charcas originadas en los períodos lluviosos de la primavera, sin olvidar tampoco el corte de fluidez en los arroyos que vierten al Tajo, quedando convertidos en charcos más o menos

El Tiétar en su entrada al Parque. Al fondo la Portilla del Tiétar.

extensos y sin una línea de continuidad que asegure la supervivencia de pececillos, renacuajos y larvas de tritones y salamandras. El drama de miles y miles de estos pequeños seres muertos o moribundos en aguas cenagosas entristece realmente a cualquiera. No obstante, la naturaleza, siempre sabia, ha dispuesto sus mecanismos para que la energía no se desperdicie. Así, cuando no es el turón, la nutria o el velocísimo martín pescador quienes se nutren de este maná, es la propia cigüeña negra quien acude presta a dar buena cuenta del mismo. El milano negro, igualmente oportunista en estos casos, prefiere las grandes carpas o barbos comizos que flotan en los embalses.

En otoño e invierno, con las primeras y generosas lluvias, el panorama cambia. Los colores del paisaje circundante lo dicen todo. El pardo terroso dejó su lugar al verde vivo de las hierbas regeneradas e incipientes. En las riberas, poco a poco se van ocultando las desoladas "playas" plagadas de viejos esqueletos de árboles vivos en otra época.

LA FAUNA

Tras el estudio y el corto periplo a través de los tres grandes ecosistemas presentes dentro de los límites de este extraordinario Parque Natural, se impone, lógicamente, conocer más estrechamente a sus habitantes, si es posible con todos sus pormenores, desde la simple enumeración de sus rasgos distintivos hasta sus significados particularizados para el correcto devenir del ecosistema donde moran. De cada especie vamos a analizar, por tanto, su identificación, tanto visual como auditiva (siempre y cuando posean algún tipo de sonido perceptible), su distribución y hasta su población, al tiempo que intentaremos establecer baremos de comparación con otras especies parecidas con las que en un momento dado pueda confundirse. Citaremos, por último, a modo orientativo, aquellos parajes en los que resulte especialmente fácil la observación de la especie en cuestión.

Por necesidades de espacio, tal y como establecimos en las primeras páginas de esta guía, sólo abordaremos ampliamente aquellas especies más representativas. Además, vamos a dedicar mayor espacio a las que más lo merecen, bien sea por su importancia, por su abundancia o, simplemente, por hacerse observables sin dificultad. Así, establecemos la siguiente clasificación: aves, mamíferos, reptiles, anfibios y peces. A estos últimos, sólo visibles cuando los extrae de las aguas algún pescador (también, en condiciones especiales, muertos por fluctuaciones del nivel de las aguas o por alguna otra causa), únicamente les dedicaremos dos páginas, suficientes para dejar constancia de su presencia y de su integración en las cadenas tróficas establecidas en Monfragüe. Esperamos que sepan disculparnos los ictiólogos.

Conviene, finalmente, resaltar la gran densidad animal registrada en este enclave en toda época, tanto en uno como en otro ecosistema. En opinión de los biólogos que han estudiado esta comarca, aquí se encuentra posiblemente la mayor de toda la provincia de Cáceres. Sin duda, el dato de 218 especies de vertebrados reproductoras asentadas en el Parque, es suficientemente siginificativo. Pasemos, pues, a conocerlas.

Buitre leonado, la especie alada más visible dentro del Parque.

A) Las aves

El Parque Natural de Monfragüe es lo que es gracias a las aves. Puede decirse que, debido a su abundancia, reflejada fielmente por especies —como el buitre leonado (*Gyps fulvus*), el buitre negro (*Aegypius monachus*), el águila imperial (*Aquila heliaca*) y la cigüeña negra (*Ciconia nigra*)— que hoy están consideradas como en franco peligro de extinción, son su tesoro, su primera imagen de cara a todo aquel que quiera conocerlo mediante sus mejores exponentes. Y es que estas aves son algo consustancial con la agreste geografía allí encerrada, hasta el punto de resultar prácticamente imposible no observarlas, aunque ni siquiera se tenga la más mínima intención. Por ello tampoco es necesario buscarlas con denuedo. Ellas están siempre en lo alto, como colgadas del cielo, flotando en el aire, jugando con los vientos, haciendo lo que mejor saben hacer.

Para su observación bien valen unos prismáticos ligeros, de 8 x 30, por ejemplo. El catalejo, no obstante, puede ser el instrumento imprescindible si se desea conocer más de cerca a estas criaturas. En la gran mole cuarcítica de Peñafalcón, perfectamente divisable desde el muro de contención de la carretera comarcal 524, está el objetivo primordial para todo el que cuente con tan sofisticado equipo. Con los 60 aumentos —incluso con poco más de 20— es posible contemplar la incubación de numerosas parejas de buitre leonado, y hasta descubrir a la cigüeña negra recluida en su confortable cueva. El espectáculo, capaz de atraer a turistas ingleses, alemanes, suizos, italianos, etc., que cada día aumentan en número, no sólo satisface al más exigente, sino que es algo que difícilmente puede ser descrito con palabras.

De entre todas las especies observables, cuyo número varía con la llegada masiva de las invernantes, sólo vamos a ceñirnos a las más importantes, a las más representativas de este verdadero paraíso ornitológico.

Siluetas de vuelo de las seis rapaces más representativas del Parque. De arriba abajo: buitre negro, buitre leonado, águila real, águila imperial, alimoche y águila culebrera. Es preciso anotar que no se han respetado las proporciones.

J.L. RODRIGUEZ
-1.985-

BUITRE NEGRO *(Aegypius monachus)*

Ing.: Black Vulture. Fra.: Vautour moine. Alem.: Mönchgeier.
It.: Avvoltoio nero. Port.: Pica-osso. Cat.: Voltor negre.

Identificación: 102 a 115 centímetros de pico a cola. Envergadura alar de 270 a 290 centímetros. Ave grande y robusta, aparentemente mayor de lo que en realidad es, sobre todo observada en vuelo, ya que la amplitud de sus alas y su coloración muy oscura la hacen visible por muy lejos que se encuentre. Sus rasgos principales se concretan en el plumaje pardo —casi siempre negro en los individuos inmaduros—, y en la gorguera o collareta abundante, capaz de ocultar enteramente el pelado cuello de color rosa violáceo, dejando al descubierto la cabeza, generalmente recubierta de corto plumón, blancuzco en la nuca y casi negro alrededor de los ojos y en las mejillas (en los inmaduros, el plumón de toda la cabeza es negro). En vuelo son asimismo significativas las puntas de las primarias, muy separadas, y la cola, corta y claramente acuñada.

Especies similares: El buitre leonado *(Gyps fulvus)* tiene un tamaño semejante, pero su color —mucho más claro— evita la duda. En vuelo, a contraluz, pueden diferenciarse por la forma de la cola, recta en el leonado.

Voz: Silencioso, salvo cuando pelean sobre las carroñas, donde emiten sonidos parecidos a bufidos. En el nido, el pollo, para pedir comida, reclama con insistentes "kiag-kiag-kiag" al tiempo que golpea ambas partes del pico.

Hábitat y distribución en el Parque: Instala sus nidos siempre sobre árboles, en encinas o alcornoques, directamente sobre la copa o en alguna rama lateral gruesa. El tamaño del mismo es muy considerable, alcanzando grandes proporciones en poco tiempo de uso y siendo divisable desde muy lejos, incluso a simple vista. Prefiere las laderas de umbría cubiertas densamente por matorral y bosque bajo. Distribuido por todo el Parque, especialmente por la mitad Este. Su población aproximada supera las 70 parejas reproductoras, lo cual convierte a esta colonia en la más numerosa de España. Muy fácil de observar en los cielos de Monfragüe en toda época y desde cualquier emplazamiento. (Comparación de siluetas en vuelo e identificación en la página 61).

Adulto y pollo de buitre negro en el nido (▲). Dos jóvenes inmaduros en actitud belicosa por encontrarse cerca de la carroña (▼).

AGUILA IMPERIAL *(Aquila heliaca adalberti)*

Ing.: Imperial eagle. Fra.: Aigle imperial. Alem.: Kaiseradler.
It.: Aquila imperiale. Port.: Aguia-imperial.

Identificación: 73 a 84 centímetros de longitud. Envergadura alar en torno a los dos metros. Se trata de un águila grande, con dos plumajes bien diferenciados según la edad. Los individuos adultos muestran todo el plumaje pardo muy oscuro, casi negro, salvo la nuca y los hombros, que son blancos, siendo esta particularidad su mejor tarjeta de presentación. Los inmaduros, en cambio, tienen el plumaje enteramente leonado o pardo claro. En edades intermedias, es decir, en aquellas en las que el ave se encuentra próxima a alcanzar su madurez sexual, el aspecto externo puede presentar ambas tonalidades mezcladas. En vuelo su figura resulta típica: alas anchas, redondeadas en los extremos y más bien largas, cola cuadrada y manchas blancas en los bordes anteriores de las alas. Vista de frente no ofrece dificultades, precisamente por la mejor apreciación de la cualidad anterior.

Especies similares: Unicamente puede confundirse con el águila real (*Aquila chrysaetos*) cuando la observación es muy lejana. La cola de águila real es un poco más ancha. El color del plumaje, por su parte, puede solucionar el problema (véase ficha del águila real en página 68 y lámina de página 61).

Voz: Ha sido descrita como un "ac-ac-ac", semejante a un ladrido. Fácilmente audible cuando se aproxima al nido y en época de celo.

Hábitat y distribución en el Parque: Especie típicamente forestal, que siempre instala su nido en árboles. Aquí prefiere los grandes alcornoques, a ser posible camuflados entre monte cerrado, lejos de caminos transitados. Para cazar sale a zonas adehesadas, incluso fuera de los límites del Parque. Sus presas principales son los conejos, las liebres, las palomas torcaces y los lagartos ocelados. Distribuida por todo Monfragüe. Puede observarse en las inmediaciones del castillo y en las proximidades de los Saltos de Torrejón. En el Parque, según censos extraoficiales, habitan seis parejas, aparte de un número indeterminado de individuos inmaduros que pueden dar lugar a nuevas parejas en el futuro. Las previsiones apuntan hacia un aumento progresivo de esta población estable.

Dos actitudes del águila imperial: llegando al nido con comida para sus retoños (▲) y reposando junto a uno de ellos (▼).

BUITRE LEONADO *(Gyps fulvus)*

Ing.: Griffon Vulture. Fra.: Vautour fauve. Alem.: Gänsegeier.
It.: Grifone. Port.: Grifo.

Identificación: 96 a 110 centímetros de longitud entre pico y cola. Envergadura alar de 250-280 centímetros. Plumaje enteramente pardo claro (leonado, de ahí su nombre vulgar), salvo las primarias de las alas y la cola, que son negras. Su rasgo principal es su cuello pelado o someramente recubierto por un fino plumón blancuzco. La gorguera o collareta no le recubre el cuello, sólo la base del mismo. En los individuos adultos esta collareta es prácticamente blanca, mientras que en los jóvenes aparece tintada de ocre. La variación del color pardo general puede ser muy notoria de unos ejemplares a otros, pero es más clara cuanto mayor es la edad del ejemplar en cuestión.

Especies similares: Sólo puede prestarse a confusión con el buitre negro *(Aegypius monachus)*, pero éste tiene tonos más oscuros. En casos de luz deficiente (contraluz, por ejemplo), puede sacarnos del error la forma de la cola, mucho más acuñada en su pariente (obsérvese la lámina de siluetas de vuelo de la página 61).

Voz: Ruidoso sobre las carroñas y en los cantiles donde anida. Forman en ambos lugares algarabías en las que predominan curiosas risotadas semejantes a un "ca-ca-ca-ca". Bufan asimismo con frecuencia, especialmente en los momentos de dirimir una primacía en la roca o en el comedero comunal.

Hábitat y distribución en el Parque: Muy abundante, con unas 150 parejas nidificantes. Eligen para establecerse los cantiles de cuarcita que se desploman sobre el agua del río Tajo y también del Tiétar. Fácilmente observable en la gran roca de Peñafalcón, al lado de la carretera que une Plasencia con Trujillo, a la altura del castillo de Monfragüe. A todas horas hay buitres que vienen y otros que se van. Sus nidos y posaderos son muy visibles por la gran cantidad de deyecciones blancas que poseen. Varias parejas anidan en La Tejadilla, junto a la presa de Los Saltos en el Tiétar. En la Portilla del mismo río hace varios años que no crían. Observable en toda época.

Buitre leonado sobre uno de los posaderos favoritos en el roquedo.

AGUILA REAL (Aquila chrysaetos)

Ing.: Golden Eagle. Fra.: Aigle royal. Alem.: Steinadler.
It.: Aquila reale. Port.: Aguia-real.

Identificación: 75 a 89 centímetros de longitud entre pico y cola. Las medidas mayores pertenecen a la hembra. Envergadura alar de 185 a 230 centímetros. Plumaje de tono general pardo leonado, más claro cuanto mayor es la edad del individuo. Los jóvenes muestran el plumaje más oscuro, casi negro, con grandes manchas blancas en el nacimiento de la cola y bajo las alas. En vuelo, estas manchas claras pueden facilitar enormemente la identificación, incluso tratándose de especímenes reproductores, ya que las conservan claramente hasta los 6 ó 7 años; más tarde sólo les quedan pequeños restos de las mismas, enmascaradas levemente por un gris claro que en la cola se transforma en franjas transversales. Los ejemplares posados evidencian una melena dorada muy característica.

Especies similares: El águila imperial ibérica (*Aquila heliaca adalberti*) se le asemeja en tamaño, pero posee la cola más corta. Los colores del plumaje, visto con claridad, solucionan rápidamente la incertidumbre. El águila imperial, tal y como puede apreciarse en las fotografías de la página 65 o en la lámina de siluetas en vuelo de la página 61, resulta mucho más oscura.

Voz: Un agudo "quia-quia" en la época de celo y como reclamo de la hembra para atraer al macho hacia el nido.

Hábitat y distribución en el Parque: Resulta poco frecuente, pero está representada por 3 ó 4 parejas. Paradójicamente, anidan en árboles, al menos dos de ellas, utilizando para ello las horquillas centrales de alcornoques o encinas centenarias. Pueden verse posadas en los roquedos, junto a los buitres leonados, aunque generalmente se trata de individuos inmaduros y erráticos. Las parejas nidificantes se muestran muy recatadas en toda época, por lo que su avistamiento es, cuando menos, improbable. Un lugar con posibilidades es Peñafalcón, la gran mole pétrea sita junto a la principal carretera que atraviesa el Parque. Los meses más aconsejables son los comprendidos entre diciembre y mayo.

Hembra de águila real en su nido roquero (▶).

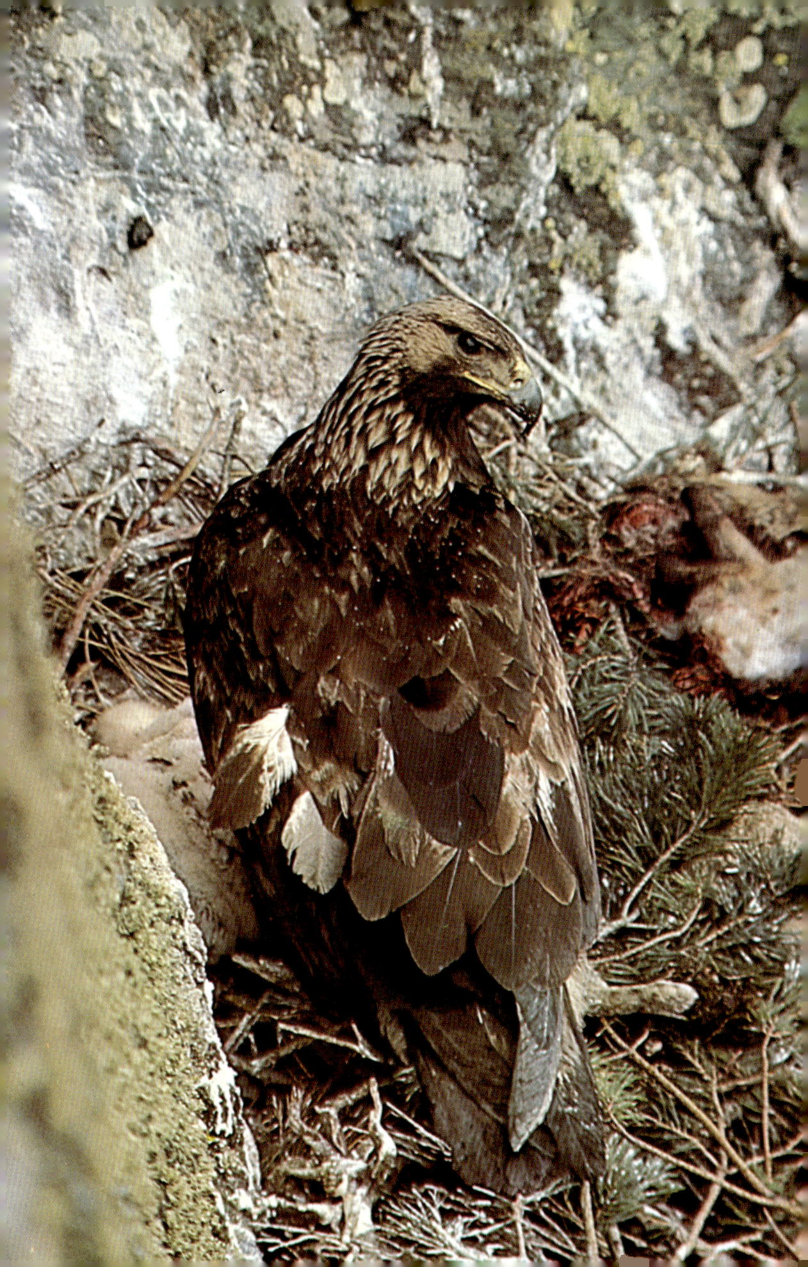

AGUILA CULEBRERA *(Circaetus gallicus)*

Ing.: Short-toed Eagle. Fra.: Circaète Jean-le-Blanc.
Alem.: Schlangenadler. It.: Biancone. Port.: Guincho-da-rainha.

Identificación: 63-70 centímetros de longitud entre pico y cola. En vuelo resulta inconfundible por su clara coloración, así como por su silueta estilizada, con alas largas y cola estrecha (ver lámina de vuelos coronados en página 61). El ave posada tampoco se presta a confusión, especialmente por los rasgos de su cabeza, muy voluminosa en comparación con el cuerpo y dotada de ojos grandes de color amarillo y situados en posición casi frontal, lo que hace que su mirada recuerde a la de los búhos. El tono del plumaje dorsal es pardo grisáceo, con las primarias muy oscuras. En el pecho posee un claro babero o peto igualmente oscuro, que contrasta notoriamente con el blanco del resto de su plumaje inferior. En vuelo este babero se hace asimismo evidente. Los individuos jóvenes e inmaduros son extraordinariamente parecidos a los adultos, diferenciables tan sólo por el color del iris, mucho más intenso en los especímenes de edad.

Especies similares: El halcón abejero (*Pernis apivorus*) tiene ciertas semejanzas con el águila culebrera, en concreto en la forma de alas y cola, pero la coloración nunca es tan clara. El águila calzada, en su fase clara (páginas 74-75), se le parece en vuelo, ya que ésta también es muy clara, pero posee las primarias y las secundarias oscuras y carece del babero mencionado para el águila culebrera.

Voz: Sus emisiones parecen gritos lastimeros semejantes a un "quíi-i-i-i", especialmente audible en época de reproducción, sobre todo durante el celo.

Hábitat y distribución en el Parque: Catalogada como especie común, se deja ver con facilidad cuando surca los cielos en busca de los reptiles, que constituyen la parte fundamental de su dieta. A veces sobrevuela las carreteras al acecho de las culebras heridas por los vehículos durante la noche. A la hora de anidar lo hace en laderas solitarias, sobre un árbol mediano y en una rama lateral. Sus nidos son muy poco consistentes, casi transparentes, por lo que resulta verdaderamente difícil descubrirlos a simple vista.

Adulto y pollo de águila culebrera en su nido sobre un alcornoque.

ALIMOCHE *(Neophron percnopterus)*

Ing.: Egyptian Vulture. Fra.: Percnoptère d'Egypte.
Alem.: Schmutzgeier. It.: Capovaccaio. Port.: Abutre-do-Egipto.

Identificación: Longitud en torno a los 60-65 centímetros. Aspecto realmente particular, tanto en vuelo como posado. En vuelo se le reconoce por su contrastado plumaje, blanco en pecho, infracobertoras caudales y cola, así como en las téctrices o cobertoras terciarias, y negro en primarias y secundarias. La cola, por su parte, es, además, acuñada, lo que evita confusiones cuando es observado a contraluz. El ave posada se caracteriza por su cara pelada, de color anaranjado, por su pico muy fino y por su melena despeinada, además de por su tonalidad general blancuzca.

Especies similares: En vuelo puede ser confundido a primera vista con el águila calzada (páginas 74-75) pero la forma de las colas resuelve rápidamente el problema. En la página 61 aparece la imagen del alimoche en vuelo.

Voz: No posee sonidos evidentes que le caractericen.

Hábitat y distribución en el Parque: Especie habitual en los cielos de Monfragüe en primavera y verano (se trata de una especie estival). Anida siempre en grietas o covachas del roquedo, sobre un tosco nido construido a base de ramas, lana y restos de alimentos. La mayor parte del día la pasa sobrevolando sus territorios en busca de carroñas o animales muertos, ya se trate de aves, mamíferos, reptiles o peces, lo cual queda demostrado en los hallazgos de restos en sus nidos, donde han sido encontrados huesos de conejos, liebres, palomas torcaces, carpas, barbos y grandes lagartos. Observable con facilidad en la Tejadilla (véase mapa páginas 18-19), junto a los Saltos de Torrejón, donde anida una pareja y donde merodean asiduamente en busca de los peces muertos cuando turbinan las aguas. Otra pareja fácil de ver anida en Peñafalcón y proximidades, junto a los buitres leonados, con los que convive apaciblemente y a los que presta su eficaz colaboración cuando de buscar carroñas se trata. La población de esta especie en el Parque es de unas 10 parejas reproductoras, distribuidas uniformemente por toda la superficie protegida.

Nido de alimoche en el roquedo de pizarras, con adulto y pollo.

AGUILA CALZADA *(Hieraetus pennatus)*

Ing.: Booted Eagle. Fra.: Aigle botté. Alem.: Zwergadler.
It.: Aquila minore. Port.: Aguia-calçada. Cat.: Aguila calzada.

Identificación: 45 a 55 centímetros de talla. Envergadura de 110 a 130 centímetros. Dimorfismo en los individuos: fase clara, con partes inferiores claras, salvo las rémiges y la cola, que son más oscuras; y fase oscura, de tonos achocolatados por entero, menos vivos en la cola. La silueta de vuelo es estilizada, con la cola más bien larga y cuadrada en el extemo.

Especies similares: El ratonero *(Buteto buteo)* es de tamaño parecido, pero de alas más anchas y redondeadas. El alimoche *(Neophron percnopterus)* puede confundirse con la fase clara, pero su cola es mucho más corta, muy blanca y acuñada.

Voz: Un "pi-pi-pi" fino unido a gritos como "chia-chia".

Hábitat y distribución en el Parque: Gusta anidar en zonas adehesadas. Frecuente en primavera y verano.

RATONERO COMUN *(Buteo buteo)*

Ing.: Buzzard. Fra.: Buse variable. Alem.: Mäusebussard.
It.: Poiana. Port.: Aguia-d'asa-redonda. Cat.: Aligot comú.

Identificación: De 50 a 56 centímetros de longitud. Envergadura entre 115 y 140 centímetros. Coloración general pardo achocolatada, con barreado en la cola y manchas claras transversales en el pecho. En vuelo muestra algunas manchas blancas bajo las alas, así como una figura general redondeada en alas y cola.

Especies similares: La forma oscura del águila calzada *(Hieraetus pennatus)* puede inducir a confusión. No obstante, aquélla (tratada más arriba) posee la cola más larga, así como las alas más estrechas. El Milano negro *(Milvus migrans)* tiene la cola horquillada, lo cual saca rápidamente del error.

Voz: Un maullido semejante a "piuuuu-piuuuu".

Hábitat y distribución en el Parque: Amante de parajes adehesados. Común en toda época y de fácil observación. En invierno ve incrementada su población con individuos invernantes llegados desde los países europeos más norteños.

Aguila calzada en su nido construido en una encina.

MILANO NEGRO *(Milvus migrans)*

Ing.: Black Kite. Fran.: Milan noir. Alem.: Schwarzer Milan. It.: Nibbie bruno. Port.: Milhafre-preto.

Identificación: 54-57 centímetros de longitud. Reconocible por su coloración pardo oscura general y por su cola horquillada. En vuelo mantiene las alas horizontales.

Especies similares: El milano real (*Milvus milvus*) tiene la cola igualmente horquillada; pero todavía más acusada. La coloración del milano real es más rojiza que la del milano negro. Los aguiluchos (*Circus sp.*) tienen las alas largas y estrechas como las de esta especie, pero no tienen la cola en "V" característica.

Voz: Muy ruidoso, sobre todo en época de cría. Sonidos parecidos a un "piu-iu-iu-iu" repetido y monótono.

Hábitat y distribución en Monfragüe: Común en zonas adehesadas y en los cursos de los ríos. Anida en rocas y en árboles, a veces en colonias. Fácil de observar en cualquier punto del Parque, pero sólo en primavera y verano.

CERNICALO PRIMILLA *(Falco naumanni)*

Ing.: Lesser Kestrel. Fra.: Faucon crécerellette. Alem.: Rötelfalke.
It.: Falco grillaio. Port.: Peneireiro-de-dorso-liso.

Identificación: 30 centímetros de longitud. Dimorfismo sexual acusado: macho con cola y cabeza grises, dorso rojizo y partes inferiores de color crema, con finas manchas negras; hembra con dorso marrón, enteramente salpicado de franjas y puntos negros. En vuelo presentan la punta de las alas afiladas y la cola larga y estrecha.

Especies similares: El cernícalo vulgar (tratado abajo) es muy parecido en cuanto a coloración, sobre todo en el caso de las hembras. Los machos de este último se diferencian de los de aquél por contar con motas negras sobre el dorso. En vuelo la identificación es muy difícil. Otro dato interesante son las uñas, blancas en el primilla y negras en el vulgar.

Voz: Un estridente "quie-quie-quie" o "chikt-chikt-chikt", sobre todo cuando está alarmado.

Hábitat y distribución en el Parque: Se trata de una especie estival muy abundante en toda Extremadura. En la región resulta muy notorio en todos los pueblos, con un buen ejemplo en Plasencia. En el Parque pasa fácilmente desapercibido, aunque algunas parejas anidan en los cortados de cuarcitas. Amante de cazar en las dehesas y en los parajes despejados.

CERNICALO VULGAR *(Falco tinnunculus)*

Ing.: Kestrel. Fra.: Faucon crécerelle. Alem.: Turmfalke.
It.: Gheppio. Port.: Peneireiro-de-dorso-malhado.

Identificación: 34-35 centímetros de longitud. Dimorfismo sexual. Macho con cabeza y cola grises. Hembra parda con barreado negro.

Especies similares: El cernícalo primilla (tratado en la parte superior de esta hoja).

Voz: Muy ruidoso cuando es molestado, con un "qui-qui-qui" sonoro y fácilmente identificable incluso desde lejos.

Hábitat y distribución en el Parque: Roquedos y dehesas. Solitario y poco común.

Macho de cernícalo primilla a la puerta de su nido (▶).

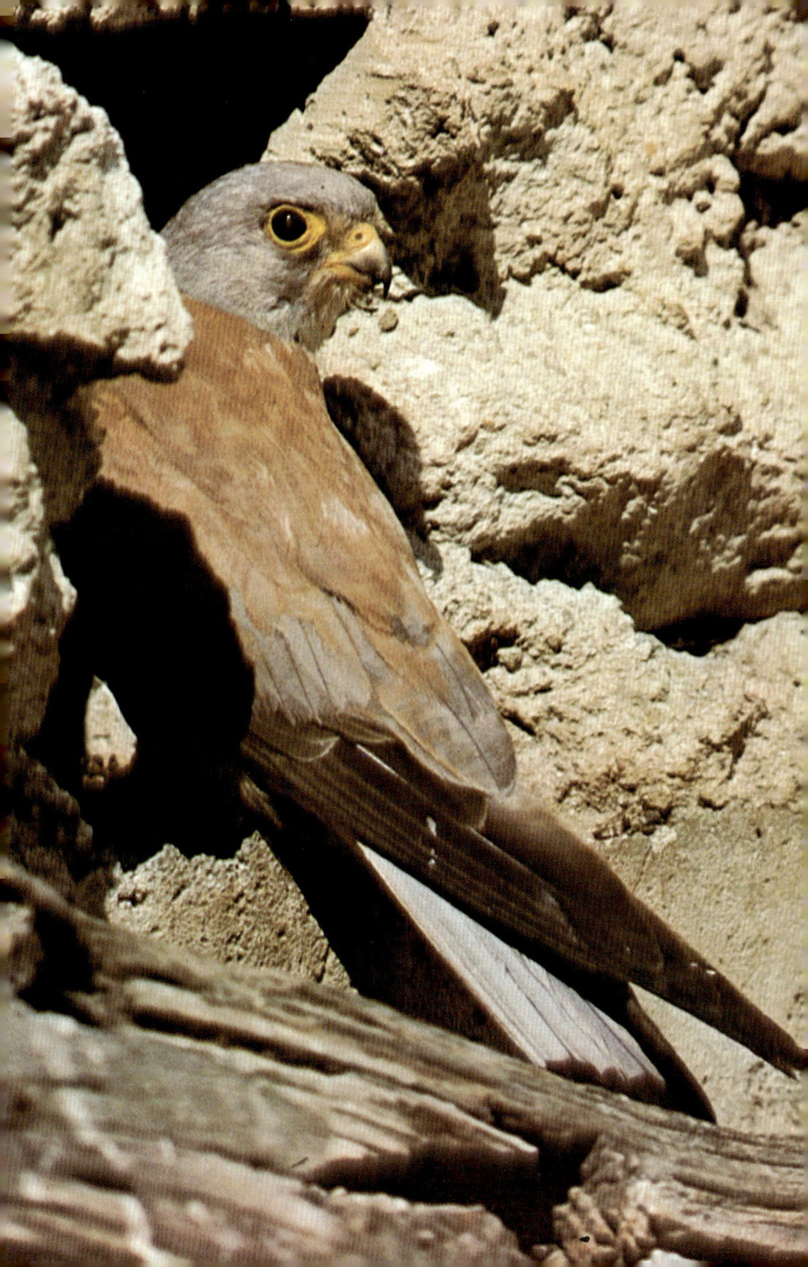

MOCHUELO *(Athene noctua)*

Ing.: Little Owl. Fra.: Chouette chevêche. Alem.: Steinkauz.
It.: Civetta. Port.: Môcho-galego.

Identificación: 20 centímetros aprox. de longitud. Su principal característica es su cabeza, muy grande en comparación con el cuerpo. La tonalidad general de su plumaje es el pardo grisáceo mezclado con el blanco. Las alas son anchas y redondeadas y la cola muy corta.

Especies similares: Por su tamaño resulta inconfundible, ya que es la única rapaz nocturna de su talla dentro del conjunto de especies ibéricas. El autillo *(Otus scops)* es más pequeño y posee dos "orejitas" muy significativas.

Voz: Muy dado a cantar al anochecer, con un "quiu-quiu" y un "uuit-uuit-uuit" muy sonoros.

Hábitat y distribución en el Parque: Prefiere zonas adehesadas, así como ruinas e inmediaciones de núcleos habitados. Se deja ver incluso de día. Cuando mejor se comprueba su presencia es al anochecer, momento preferido por la rapaz para emitir sus curiosas notas.

CARABO COMUN *(Strix aluco)*

Ing.: Tawny Owl. Fra.: Chouette hulotte. Alem.: Walkautz.
It.: Alloco. Port.: Coruja-do-mato.

Identificación: 37-40 centímetros de longitud. Aspecto rechoncho. Cabeza muy voluminosa. Ojos negros y grandes. Discos faciales bien marcados. Tonalidad general parduzca o pardo grisácea. Carece de las "orejas" típicas de los búhos.

Especies similares: El búho chico *(Asio otus)* es de tamaño semejante, pero se le distingue, observado de cerca, por poseer las citadas "orejas" y por el iris del ojo, de color anaranjado.

Voz: Lo más característico es su "hu-hu-hu-hu", que parece una voz humana, emitido al crepúsculo y durante la noche.

Hábitat y distribución en el Parque: Habitante de zonas con arbolado, desde alcornocales y encinares adehesados hasta bosques de repoblación. Anida en cavidades de troncos centenarios.

Mochuelo, pequeña rapaz de hábitos crepusculares y nocturnos (▶).

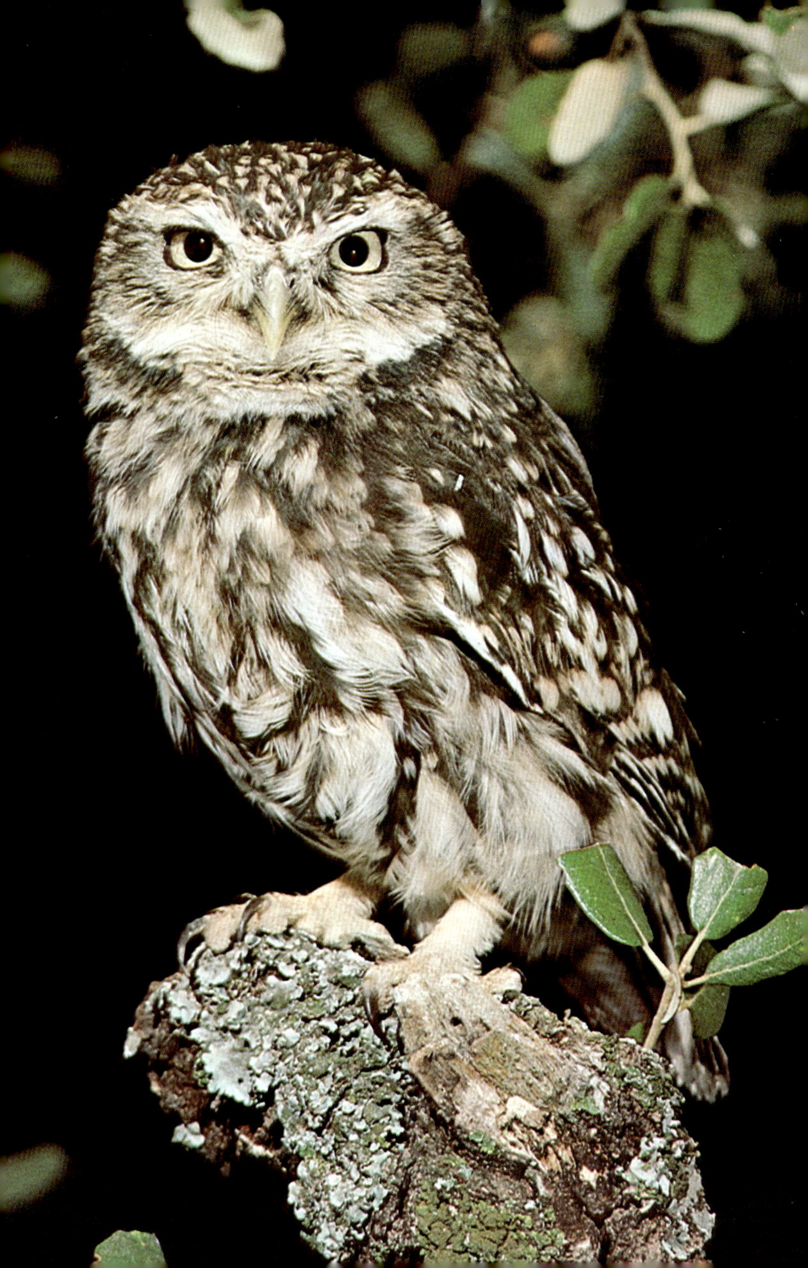

CIGÜEÑA NEGRA *(Ciconia nigra)*

Ing.: Black Stork. Fra.: Cigogne noire. Alem.: Schwarzstorch. It.: Cigogna nera. Port.: Cegonha-preta.

Identificación: Longitud aproximada, 95 centímetros entre pico y cola. Aspecto muy característico, con todo el plumaje negro excepto el vientre, que es blanco. Por su forma, recuerda a la cigüeña común, su pariente más cercano dentro del conjunto de la avifauna ibérica. En vuelo lleva el cuello estirado y las patas en línea con la cola. Posada resulta llamativa por el rojo del pico y patas, así como por las irisaciones verdosas y violáceas de sus plumas negras. Presenta plumas colgantes en la base del cuello.

Especies similares: Dada su particular fisonomía no es factible la confusión con otra especie. En vuelo y en condiciones de luz difíciles (por ejemplo contraluz), puede ser confundida con la cigüeña blanca, pero puede evitarse el error recurriendo al estudio general de la silueta, la cual resulta más estilizada y fina que la de aquélla.

Voz: Escasas manifestaciones sonoras. El conocido crotoreo es efectuado en contadas ocasiones.

Hábitat y distribución en el Parque: Especie estival, sólo está presente en Monfragüe para llevar a cabo sus tareas reproductoras, apareciendo durante el mes de marzo y desapareciendo con los rigores del verano. Para anidar elige preferentemente los cortados o cantiles de cuarcitas, donde instala su nido de ramas sobre alguna repisa. En los alrededores del Parque también se instala sobre árboles, en grandes alcornoques o pinos piñoneros, siempre en una gruesa horquilla junto al tronco. El alimento lo busca en las orillas de los embalses y en las charcas originadas por las lluvias primaverales, donde suelen reproducirse los abundantísimos anfibios propios de la comarca (ver páginas 120 a 129). Dentro del Parque anidan normalmente 6 o 7 parejas, importante población si se tiene en cuenta la difícil situación por la que atraviesa esta especie en toda su ya reducida área de distribución geográfica. Es fácil de observar en Peñafalcón y en La Tejadilla, donde anidan sendas parejas. La mejor época para ello es la primavera, especialmente en mayo, cuando los retoños nacidos obligan a los adultos a multiplicar sus idas y venidas.

La cigüeña negra anida tanto en rocas como en grandes árboles.

RABILARGO *(Cyanopica cyanus)*

Ing.: Azure winged Magpie. Fra.: Pie Bleu. Alem.: Blauelster.

Identificación: Poco más de 30 centímetros de longitud. Reconocible por su coloración azulada en alas y cola, así como por la forma alargada de este apéndice caudal. Las partes inferiores son claras, con la garganta casi blanca. El resto de la cabeza es negro.

Especies similares: No es posible confundirlo con especie alguna.

Voz: Muy vocinglero en toda época. Su nota más apreciable es un "crui-crui-crui" emitido cuando se excita.

Hábitat y distribución en el Parque: Prefiere las zonas con matorral disperso y arbolado abundante. Menos común en las zonas de dehesas. Anida en los árboles, a alturas que van desde poco más de un metro hasta el límite superior de los propios árboles. A veces oculta su nido en arbustos. Suele formar colonias más o menos numerosas. En el Parque es muy visible en toda época. Un lugar adecuado es la carretera que sube al castillo, donde estas aves pululan incesantemente, saltando en el suelo o volando de alcornoque en alcornoque.

CUERVO *(Corvus corax)*

Ing.: Raven. Fran.: Grand corbeau. Alem.: Kolkrabe.
It.: Corvo imperial. Port.: Corvo.

Identificación: 62 a 65 centímetros de longitud. Coloración enteramente negra. Pico fuerte. En vuelo se le reconoce por su gran tamaño y por la forma acuñada de la cola. Es el mayor de todos los córvidos ibéricos.

Especies similares: Unicamente confundible con la corneja negra *(Corvus corone)*, pero ésta es de menor tamaño y no posee la cola acuñada que caracteriza al cuervo.

Voz: Un sonoro "croc-croc-croc" emitido a veces con insistencia.

Hábitat y distribución en el Parque: Especie común y abundante. Anida en los roquedos preferentemente, aunque puede hacerlo en altos árboles. Merodea constantemente los claros en busca de carroñas, pequeños animalillos o nidos de aves descuidadas.

El rabilargo es, sin duda, el más bello de los córvidos ibéricos (▶).

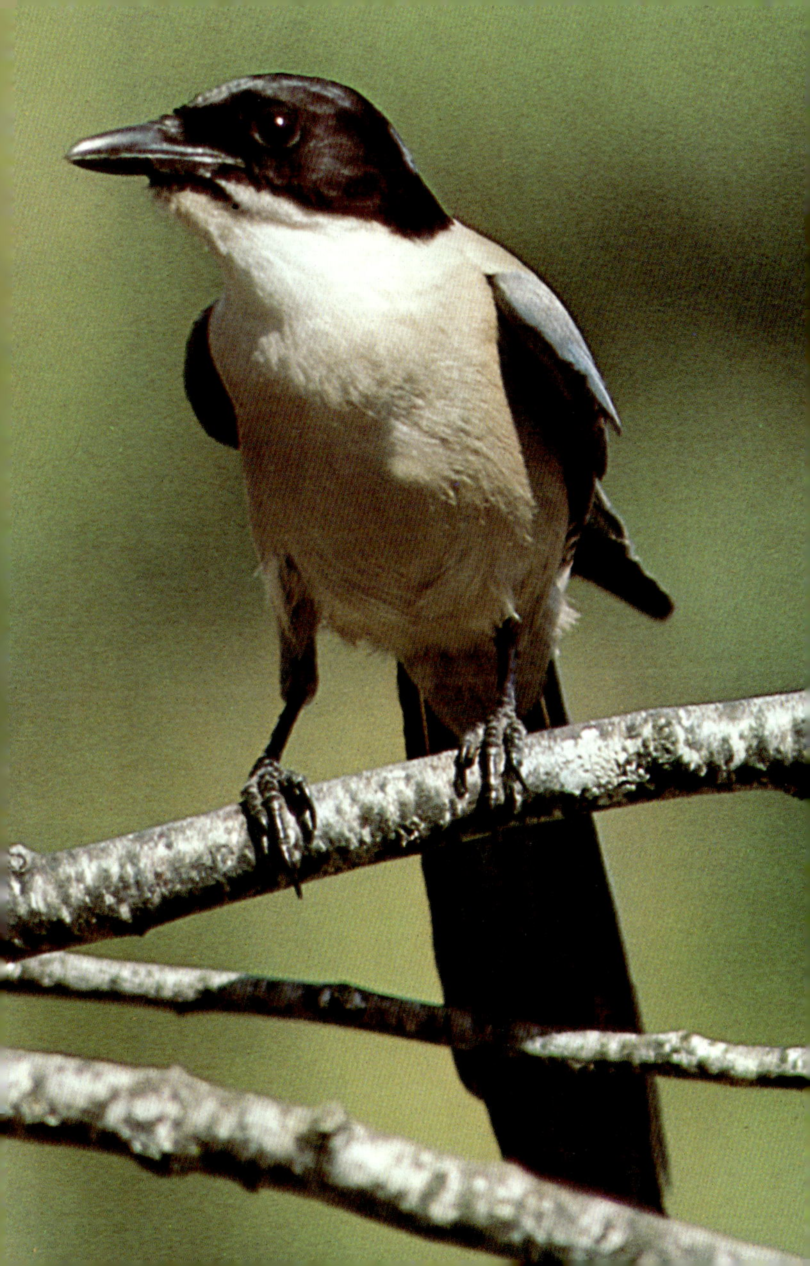

ABEJARUCO *(Merops apiaster)*

Ing.: Bee-eater. Fra.: Guêpier d'Europe. Alem.: Biennfresser.
It.: Gruccione. Port.: Abelharuco.

Identificación: 28 centímetros entre pico y cola. Aspecto inconfundible, con gran variedad de colorido recubriendo su cuerpo. La garganta es amarilla, el pecho azulado, las alas rojizas y verdosas, el dorso amarillento, con la nuca parda, etc. Ambos sexos son muy parecidos, diferenciables con dificultad por el tamaño del trozo rojizo de las alas. Buen volador. Gregario.

Especies similares: No existen en España.

Voz: Un melodioso "priui-priui-priui" y otras notas características, todas muy sonoras.

Hábitat y distribución en el Parque: Especie estival, que llega en abril y mayo y se marcha durante el mes de agosto. Anida en taludes y terraplenes, incluyendo las riberas y las cunetas arenosas de las carreteras. Si faltan estos elementos construye sus túneles en el mismo suelo horizontal. Es abundante y fácilmente observable.

CARRACA *(Coracias garrulus)*

Ing.: Roller. Fra.: Rollier d'Europe. Alem.: Blauracke.
It.: Ghiandaia marina. Port.: Roliero.

Identificación: 30-32 centímetros de longitud. Coloración inconfundible, con tonos azulados en la cabeza, alas, cola y partes inferiores. En el dorso posee plumas pardas muy conspicuas. Apariencia más rechoncha que la del abejaruco. Pico fuerte y levemente ganchudo en el extremo.

Especies similares: No existen en España.

Voz: Fundamentalmente un "rocc-rocc-rocc" profundo.

Hábitat y distribución en el Parque: Especie típica de zonas semiabiertas, tales como dehesas o cultivos con arbolado disperso. Anida en agujeros, ya sean de construcciones humanas o de troncos. No resulta muy común ni abundante en Monfragüe. Puede observarse posada en los cables eléctricos o telefónicos que discurren junto a las carreteras.

Abejaruco en su atalaya (▶).

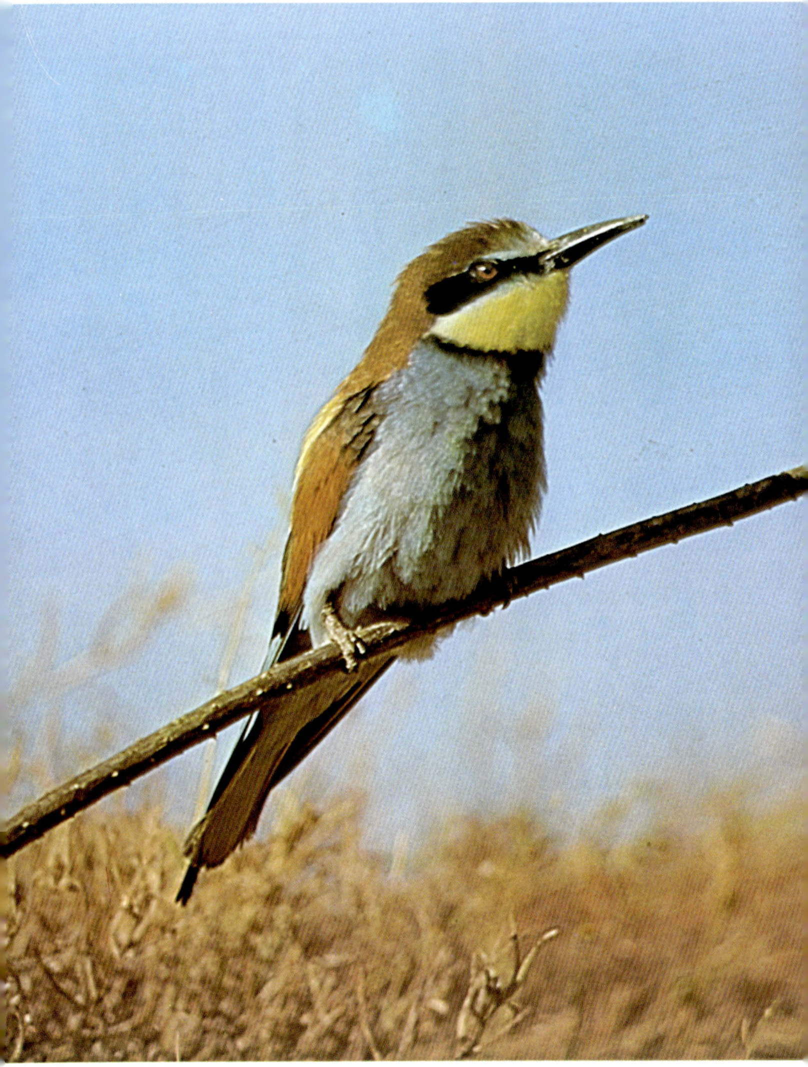

ABUBILLA *(Upupa epops)*

Ing.: Hoopoe. Fran.: Huppe fasciée. Alem.: Wiedehopf.
It.: Upupa. Port.: Poupa.

Identificación: 27 a 30 centímetros de longitud. Aspecto inconfundible, especialmente por su curiosa cresta desplegable y por su coloración blanquinegra del dorso. El pico también resulta significativo, afilado y muy alargado, diseñado para extraer los insectos de los agujeros donde se encuentran refugiados. La cola también es blanquinegra. Partes inferiores claras.

Especies similares: No existen.

Voz: Un "tu-tu-tu" repetitivo y monótono.

Hábitat y distribución en el Parque: Frecuenta los alcornocales y las zonas de encinares adehesados. Anida en el interior de agujeros. Unicamente observable en primavera y verano, ya que se comporta como especie estival. Puede considerarse como especie común y bien representada en Monfragüe, pero no como muy abundante.

MARTIN PESCADOR *(Alcedo atthis)*

Ing.: Kingfisher. Fra.: Martín-pêcheur. Alem.: Eisvogel.
It.: Martín pescatore. Port.: Guarda-ríos.

Indentificación: Longitud en torno a los 15 centímetros. Plumaje muy característico, con partes inferiores anaranjadas y superiores azuladas, con reflejos brillantes. El pico es muy largo, en forma de arpón. Vuela muy rápido, lo que hace difícil su avistamiento.

Especies similares: No tiene ninguna en España.

Voz: Un "pti-tiii-pti-tiii" muy peculiar y sonoro.

Hábitat y distribución en el Parque: Amante de arroyos claros, con aguas limpias donde poder divisar fácilmente a los peces que naden en su seno. Anida en taludes cerca o junto a la corriente, en un hondo túnel que orada con su pico. En Monfragüe es especie poco abundante, aunque, sobre todo en invierno, llegan numerosos ejemplares procedentes del Norte, los cuales se instalan incluso en las orillas de los embalses.

Abubilla en su posadero con un insecto en el pico (▶).

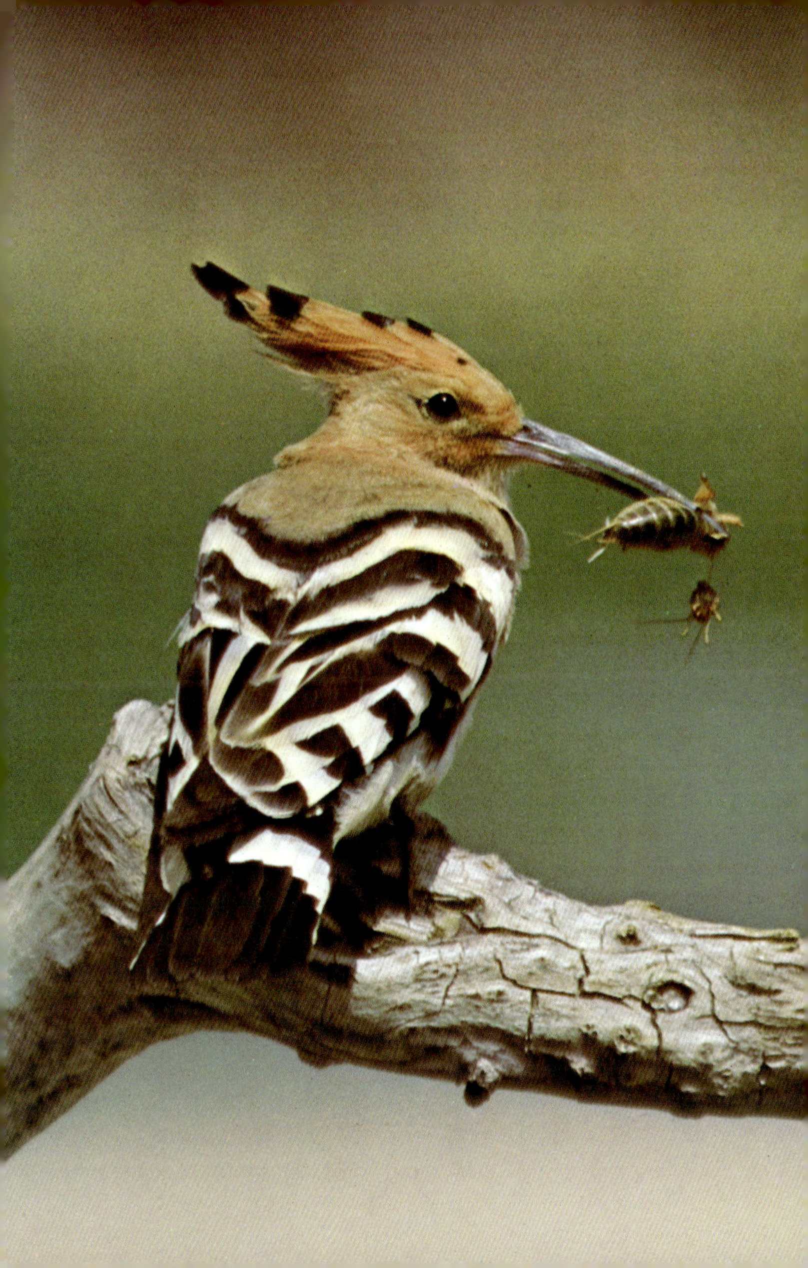

ROQUERO ROJO *(Monticola saxatilis)*

Ing.: Rock Thrush. Fra.: Merle de roche. Alem.: Steinrötel.
It.: Codirossone. Port.: Merlo-das-rochas.

Identificación: 18-20 centímetros entre pico y cola. Coloración muy peculiar, con dimorfismo sexual patente. El macho tiene la cabeza azulada, el pecho anaranjado y el dorso pardo oscuro. La hembra es enteramente parda, con la cola rojiza.

Especies similares: Las hembras de roquero solitario *(Monticola solitarius)*, que tratamos debajo, pueden confundirse con las de roquero rojo, pero son más grisáceas por el dorso y no tienen la cola rojiza. Los tamaños son semejantes, con ligera ventaja del solitario. En los machos no existe posibilidad de error.

Voz: Lanza un "crac-chiak-crac-chiak" suave mientras reposa sobre las rocas. Alarmado acentúa ese canto.

Hábitat y distribución en el Parque: Unicamente presente en lugares rocosos. Costumbres esquivas, por lo que es difícil la visualización de cerca. Considerada como especie poco abundante en Monfragüe.

ROQUERO SOLITARIO *(Monticola solitarius)*

Ing.: Blue Rock Thrush. Fra.: Merle blue. Alem.: Blaumerle.
It.: Passera solitaria. Port.: Merlo-azul.

Identificación: Ligeramente superior a los 20 centímetros de longitud. Coloración característica, sobre todo en el caso de los machos, que son enteramente azulados. La hembra es más críptica, con tonos pardos y gran cantidad de motas y rallitas en su plumaje.

Especies similares: Unicamente confundible con la especie anterior, pero sólo cuando se trate de hembras. (Véase arriba este apartado).

Voz: Parecida a la del roquero rojo, pero más fuerte.

Hábitat y distribución en el Parque: Visible en parajes rocosos como la especie precedente, con la que comparte el duro hábitat. Anida en agujeros de las mismas rocas o entre dos piedras que formen una grieta segura. En Monfragüe es muy abundante, sobre todo en la Sierra de las Corchuelas, donde, según los expertos, existe la mayor concentración conocida.

Roquero solitario macho, joya del roquedo. (▶).

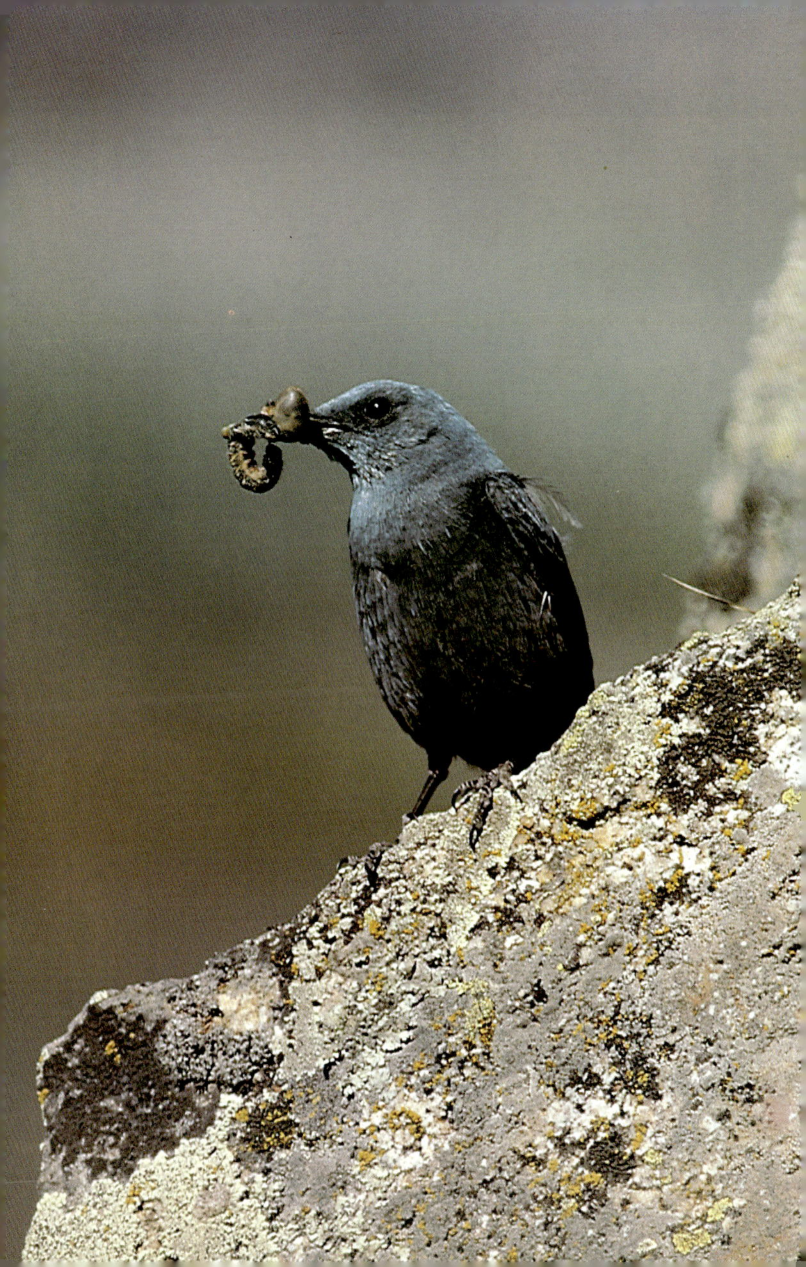

OROPENDOLA *(Oriolus oriolus)*

Ing.: Golden Oriole. Fra.: Loriot. Alem.: Pirol.
It.: Rigogolo. Port.: Papafigos.

Identificación: Unos 25 centímetros de longitud. Plumaje muy peculiar, inconfundible. El macho es de color amarillo intenso salvo en las alas, que son negras. También en la cola tiene una ancha franja negra. La hembra es menos vistosa, con tonalidades verdosas en el dorso y casi blancas en el pecho y vientre.

Especies similares: No existen en España.

Voz: Un melodioso y rítmico "pi-tuiu" como nota característica, aunque también emite otros sonidos como "geeck-geeck".

Hábitat y distribución en el Parque: Especie típicamente arbórea, que suele permanecer oculta entre el follaje la mayor parte del día. Fácil de detectar por su canto. Se instala en alcornocales y sotos preferentemente. En Monfragüe es considerada como ave común, con una abundancia relativa, y ligada al calendario de las restantes especies estivales.

ALCAUDON COMUN *(Lanius senator)*

Ing.: Woodchat Shrike. Fra.: Pie-grièche à tête. Alem.: Rotkopfwürger.
It.: Averla capirossa. Port.: Picanço-de-barrete-vermelho.

Identificación: 17 centímetros de longitud sin dimorfismo sexual. El plumaje es muy vistoso, con la nuca rojiza, el pecho claro, casi blanco, y las alas y cola negras, con el obispillo y las escapulares blancos. El pico es ganchudo en el extremo. Jóvenes parduzcos.

Especies similares: En plumaje adulto, esta especie no se confunde con ninguna otra de las que comparten el suelo ibérico. Los jóvenes, en cambio, dado su plumaje parduzco citado, pueden ser identificados como pertenecientes a los del alcaudón dorsirrojo *(Lanius collurio)*, pero debe tenerse en cuenta la distribución mucho más norteña de este último.

Voz: Gran variedad de notas gorgeantes, a veces imitando otros cantos.

Hábitat y distribución en el Parque: Anida siempre en árboles y arbustos. Se instala en zonas adehesadas o con monte bajo aclarado.

Oropéndola hembra en su nido tejido en una alta horquilla de un alcornoque.

MIRLO COMUN *(Turdus merula)*

Ing.: Blackbird. Fra.: Merle noir. Alem.: Amsel.
It.: Merlo nero. Port.: Melro-preto.

Identificación: 25 centímetros de longitud. Plumaje enteramente negro en el macho. La hembra es parda o gris oscuro. El pico del macho es anaranjado.

Especies similares: Puede ser confundido ocasionalmente con el estornino negro (*Sturnus unicolor*) y con el roquero solitario (*Monticola solitarius*). Un poco de atención a la larga cola de esta especie puede solucionar la incertidumbre.

Voz: Al ser molestado emite un sonoro "tin-tin-tink". Posee además otras notas en su repertorio.

Hábitat y distribución en el Parque: Es una especie muy común, que puede ser observada en cualquier punto. Normalmente se muestra esquiva y recelosa, aunque permite el acercamiento de un intruso, saltando a sus mismos pies para ir a ocultarse en algún matorral cercano.

OTRAS ESPECIES

Además de las citadas en las páginas anteriores, que, como ya adelantamos, son las más representativas de este Parque Natural, pueden ser avistadas otras muchas especies. De algunas de ellas reproducimos la silueta en la página de al lado. Se trata de aves de vida estrechamente relacionada con el medio acuático. No obstante, vamos a confeccionar la siguiente lista:

—Grulla común (*Grus grus*), de paso e invernante.
—Cigüeña común (*Ciconia ciconia*), nidificante en los alrededores.
—Anade real (*Anas platyrhynchos*), en los embalses.
—Cormorán grande (*Phalacrocorax carbo*), invernante en los embalses.
—Azor (*Accipiter gentilis*), nidificante en el bosque.
—Milano real (*Milvus milvus*), nidificante en las dehesas.
—Halcón peregrino (*Falco peregrinus*), nidificante en los roquedos.
—Aguila perdicera (*Hieraetus fasciatus*), nidificante.
—Paloma torcaz (*Columba palumbus*), nidificante y de paso.
—Alcavarán (*Burhinus oedicnemus*), nidificante en las dehesas.
—Gaviota reidora (*Larus ridibundus*), invernante.
—Perdiz roja (*Alectoris rufa*), nidificante abundante.
—Búho real (*Bubo bubo*), nidificante en el roquedo.
—Búho chico (*Asio otus*), nidificante escaso en el encinar.
—Autillo (*Otus scops*), frecuente nidificante en el alcornocal, casi siempre en oquedades.
—Chotacabras gris y pardo (*Caprimulgus europeus y ruficollis*), comunes nidificantes en el suelo del encinar aclarado.
—Cuco (*Cuculus canorus*), estival común. Ave de bosque.
—Pito real (*Picus viridis*), común en toda época.
—Vencejo real (*Apus melba*), nidificante en el roquedo.
—Avión roquero (*Hirundo rupestris*), nidificante en el roquedo.
—Arrendajo (*Garrulus glandarius)*, ave de bosque poco común.
—Zorzal charlo (*Turdus viscivorus*), nidificante en el encinar, así como en el alcornocal.

—Collalba negra (*Oenanthe leucura*), nidificante en el roquedo.
—Grajilla (*Corvus monedula*), nidificante en el roquedo.
—Alcaudón real (*Lanius excubitor*), estival e invernante.
—Chova piquirroja (*Pyrrhocorax pyrrhocorax*), nidificante.
—Canastera (*Glareola pranticola*), poco frecuente y divagante en los embalses del Parque.
—Somormujo lavanco (*Podiceps cristatus*), nidificante.
—Chorlitejo chico (*Charadrius dubius*), nidificante.
—Y un extenso grupo de especies paseriformes tales como jilgueros (*Carduelis carduelis*), pardillos comunes (*Acanthis cannabina*), verdecillos (*Serinus serinus*), pinzones vulgares (*Fringilla coelebs*), trigueros (*Emberiza calandra*), escribanos montesinos y soteños (*Emberiza cia y cirlus*), papamoscas cerrojillos (*Fidecula hypoleuca*), lavanderas boyeras (*Motacilla flava*), carrucas rabilargas (*Sylvia undata*), colirrojos tizones (*Phoenicurus ochruros*), etc., repartidos por los diferentes ecosistemas de este maravilloso Parque Natural.

Siluetas de algunas de las aves del Parque de vida relacionada con el medio acuático: 1.—Cigüeña negra. 2.—Garza real. 3.—Cormorán grande. 4.—Somormujo lavanco. 5.—Anade real. 6.—Gaviota reidora. 7.—Canastera (poco común, más fácil de ver en las charcas de los alrededores del Parque). 8.—Chorlitejo chico. 9.— Martín pescador.

B) Los mamíferos

De las 218 especies reproductoras, sólo una pequeña porción corresponde a esta clase animal. Por ley natural, salvo excepciones (murciélagos), su medio está en tierra firme, lo que de momento impide una fácil observación. Si a este punto le añadimos la presión humana, rápidamente comprendemos el porqué de su tendencia a pasar desaperdibidos. Por ello, para tomar contacto con los mamíferos del Parque, no nos quedará otro remedio que acudir a un estudio minucioso de las huellas o los restos que dejen en su devenir cotidiano. En algunos casos (ciervo, conejo, liebre, murciélagos) puede que no sea necesario, pero también dependerá de la zona donde nos encontremos. Pese a todo, sólo el trabajo de investigación citado nos deparará gratas sorpresas, y hasta los datos más imprescindibles si lo que se pretende se parece a un fin científico.

Puestos en marcha, lo primero será predisponerse para una búsqueda paciente, con la fundamental premisa de no alterar nada de lo que uno se encuentre allá por donde deambule, lo cual acontecerá, lógicamente, más o menos lejos de carreteras y caminos. También será preferencial el observar todas las indicaciones oficiales (cierre de caminos, zonas prohibidas al paso, áreas de utilización pública, etc.) establecidas al respecto. La integridad y la conservación del Parque deben prevalecer sobre todo tipo de intereses. Con estas salvedades, seguiremos camino, y nos dirigiremos a los bordes del embalse, a los arroyos y a cualquier otro lugar donde el terreno esté lo suficientemente blando como para conservar las huellas de estos seres vivos.

Cierto es que de muchos de ellos nunca obtendremos una referencia fidedigna, lo cual nos induciría a buscarlos por otro sistema. Sin embargo debemos contentarnos con aquello que la naturaleza quiera mostrarnos. Sirva de ayuda el fichero y la lista de especies que vienen a continuación. Se trata, en efecto, de las más representativas del Parque.

Huellas esquemáticas y proporcionadas de algunas de las especies de mamíferos del Parque: 1.—Gamo. 2.—Ciervo hembra. 3.—Ciervo macho. 4.—Jabalí. 5.—Erizo. 6.—Tejón (huella anterior derecha). 7.—Tejón (huella posterior derecha). 8.—Lince ibérico. 9.—Zorro. 10.—Nutria.

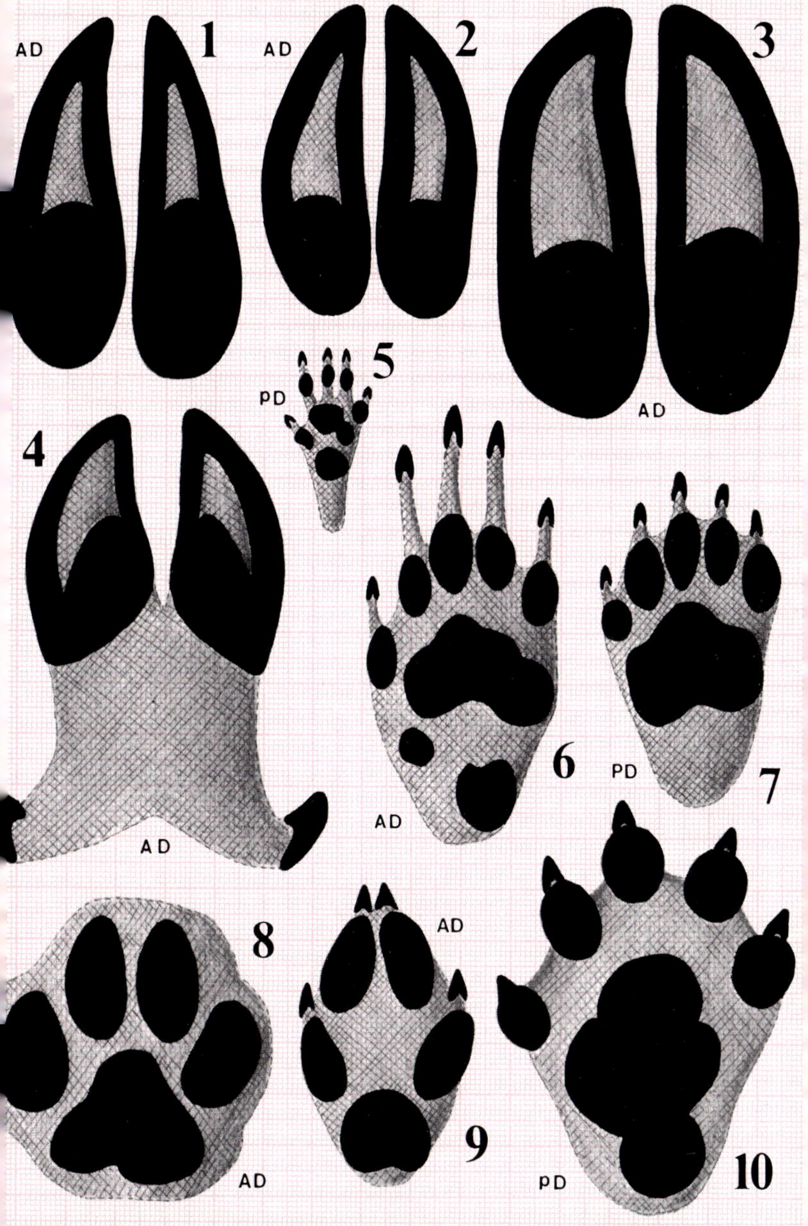
1
AD
2
AD
3
AD
4
AD
5
PD
6
AD
7
PD
8
AD
9
AD
10
PD

CIERVO *(Cervus elaphus)*

Ing.: Red deer. Fra.: Cerf rouge. Alem.: Rothirsch.
It.: Cervo. Port.: Veado.

Identificación: Longitud total desde el hocico a la punta de la cola: 170-260 centímetros. Aproximadamente 130 centímetros de altura hasta la cruz. Presenta grandes cuernas en los machos. Las hembras carecen de ellas. Pelaje pardo, más corto en verano que en invierno. La huella aparece dibujada en la página 95.

Especies similares: El gamo *(Dama dama)*, que aparece tratado abajo, es de menor tamaño y las cuernas de los machos no están tan ramificadas, sino aplanadas.

Voz: Un sonoro ronquido generalmente en septiembre y octubre, época en la que tiene lugar la conocida "berrea".

Hábitat y distribución en Monfragüe: Especie común en las fincas cinegéticas incluidas en el Parque. Como animal recatado, permanece oculto entre la foresta, donde deambula constantemente a la busca de los pastos que necesita para subsistir. Los partos de las hembras tienen lugar en los rincones más inaccesibles.

GAMO *(Dama dama)*

Ing.: Fallow deer. Fra.: Daim. Alem.: Damhirsch.
It.: Daino. Port.: Gamo.

Identificación: De 140-160 centímetros de longitud entre hocico y cola. Altura hasta la cruz de un metro aproximadamente. Coloración pardo rojiza con manchas blancas durante la primavera y el verano. En otoño e invierno las manchas blancas desaparecen. Sólo los machos poseen cuernas, que son aplanadas en la mitad distal.

Especies similares: El ciervo, pero fácil de distinguir.

Voz: Lo más conocido es su ladrido o "ronca" del celo.

Hábitat y distribución en el Parque: Especie poco frecuente, que ha sido reintroducida en diversas fincas de caza. Menos huidizo que el ciervo, puede ser sorprendido en pleno día, descansando plácidamente a la sombra de un árbol corpulento. Según parece su número va en aumento, pese a que cuenta con el hombre como enemigo.

Ciervo macho, el mayor mamífero salvaje del Parque.

JABALI (*Sus scrofa*)

Ing.: Wild board. Fra.: Sanglier d'Europe. Alem.: Wildschwein.
It.: Cinghiale. Port.: Jabalí.

Identificación: Longitud de 100 a 150 centímetros en ejemplares normales. A veces alcanzan tamaños mayores. Apariencia de cerdo con raro pelaje grisáceo. Cabeza muy grande, con hocico prominente y alargado. Colmillos prominentes en el caso de los machos. Orejas enhiestas, no caídas como en los cerdos domésticos. Los jóvenes tienen el color rojizo y las crías presentan rayas claras distribuidas longitudinalmente sobre los flancos y lomo.

Especies similares: No existen.

Voz: Un potente chillido de alarma y un cadencioso guarreo mientras camina con la prole rebuscando alimentos entre la vegetación.

Hábitat y distribución en el Parque: Especie típicamente forestal muy abundante dentro de toda su área de distribución geográfica. Prefiere las zonas boscosas para pasar el día. Por la noche merodea junto a los embalses y arroyos. Puede ser descubierta su presencia por medio de sus huellas.

ZORRO (*Vulpes vulpes*)

Ing.: Red fox. Fra.: Renard. Alem.: Rotfusch.
It.: Volpe. Port.: Raposa.

Identificación: Longitud de la cabeza y cuerpo en torno a los 60-70 centímetros. La cola mide entre 30 y 45 centímetros. Coloración del pelaje pardo rojiza en las partes superiores y flancos. El vientre pruede ser claro u oscuro, según los ejemplares. Hocico afilado. Orejas triangulares grandes, negras por la parte trasera.

Especies similares: No existen en España.

Voz: Un penetrante ladrido, breve y reiterado, emitido sobre todo por los machos en la época de celo.

Hábitat y distribución en el Parque: Presente en el bosque y matorral mediterráneos y en el roquedo, donde frecuentemente se oculta. Hábitos preferentemente nocturnos. Para cazar deambula por todo tipo de terrenos, acercándose incluso a las orillas de los embalses, donde no duda en devorar peces moribundos si llega el caso.

Jabalí hembra con varias crías (▲). Zorro adulto (▼).

LINCE IBERICO *(Lynx pardina)*

Ing.: Pardel Linx. Fra.: Lyns pardelle. Alem.: Pardelluchs.
It.: Lince pardina. Port.: Lobo-cerval.

Identificación: Longitud de 90-125 centímetros, cola incluida. Poco más de 60 centímetros hasta la cruz. Pelaje inconfundible, especialmente por la gran cantidad de motas negras que posee repartidas por toda su superficie. Curiosas barbas colgantes a cada lado de la cara. Orejas triangulares rematadas por finos pinceles negros. En la cabeza presenta, asimismo, numerosas rayas negras que enmascaran su bella mirada ambarina. Las patas resultan poderosas y más bien largas. La cola es muy corta.

Especies similares: No existen en España. El gato montés *(Felis sylvestris)* puede ofrecer dificultades cuando el avistamiento es muy rápido y en malas condiciones de luz. El examen de cerca, no obstante, no ofrece la más mínima duda, especialmente si consideramos la larga cola del gato montés.

Voz: Como animal recatado que es, apenas se deja oír, pero puede emitir maullidos y bufidos muy característicos.

Hábitat y distribución en el Parque: Como consecuencia de su sigilosa conducta, esta especie es muy difícil de descubrir, incluso recurriendo a sus huellas o excrementos. Normalmente habita en las espesuras más inaccesibles, a media ladera. Baja a lugares más abiertos para cazar, llegando hasta las orillas de los pantanos, donde deja sus huellas (dibujadas en la página 95).

GATO MONTES *(Felis sylvestris)*

Ing.: Wild cat. Fra.: Chat sauvage. Alem.: Wildkatze.
It.: Gatto selvatico. Port.: Gato bravo.

Identificación: 45-80 centímetros de longitud para la cabeza y el cuerpo. Cola: 25-35 centímetros. Pelaje grisáceo con franjas negras en los flancos. Cola rematada por una punta negra redondeada.

Especies similares: Cualquier gato casero, pero éstos tienen la punta de la cola afilada, no redondeada.

Voz: Bufidos y maullidos parecidos a los gatos domésticos.
Hábitat y distribución en el Parque: Zonas boscosas.

Lince ibérico, fantasma de la espesura del bosque mediterráneo.

TEJON *(Meles meles)*

Ing.: Badger. Fra.: Blaireau. Alem.: Dachs.

Identificación: 70-90 centímetros de longitud total. Cuerpo rollizo y poco esbelto (unos 30 centímetros hasta la cruz). Pelaje grisáceo muy peculiar, con cabeza blancuzca salvo un vistoso antifaz negro. Orejas blanquecinas muy pequeñas. Pies grandes. La huella resulta característica y aparece dibujada en la página 95.

Especies similares: No existen en España.

Voz: Aullidos y gruñidos.

Hábitat y distribución en el Parque: Parajes solitarios, umbrosos y bien cubiertos de vegetación. Se refugia en profundas madrigueras excavadas en la tierra, a veces bajo grandes rocas. Sólo sale de ellas al anochecer, para regresar al alba, por lo que su avistamiento es muy improbable. Las huellas son fáciles de identificar, por lo que dirigiremos nuestras pesquisas a las inmediaciones de arroyos, allí donde la finura del limo conserve sus detalles bien marcados.

NUTRIA *(Lutra lutra)*

Ing.: Otter. Fra.: Loutre. Alem.: Otter. It.: Lontra.

Identificación: Longitud de cabeza y cuerpo: 60-85 centímetros. La cola mide de 45 a 50 centímetros, resultando muy gruesa en la base. Pelaje parduzco, salvo en la garganta y partes inferiores, que es blanco. Las extremidades presentan dedos con membrana interdigital, la cual suele quedar patente en las huellas (dibujadas en la página 95).

Especies similares: No existen en España.

Voz: Gritos y aullidos entrecortados, semejante a un "auc-auc".

Hábitat y distribución en el Parque: Su conocida actividad acuática le lleva a instalarse cerca de cualquier tipo de masa de agua, ya sean ríos o arroyos o embalses poco contaminados y con suficientes recursos alimenticios. Por el día suele permanecer inactiva. Amante de juegos con sus semejantes, y también con sus presas, desarrolla gran actividad nadadora, buceando con soltura y pescando directamente bajo la superficie.

Gineta, inconfundible por su pelaje tachonado.

GINETA *(Genetta genetta)*

Ing.: Genet. Fra.: Genette. Alem.: Ginsterkatze.

Identificación: Longitud cabeza y cuerpo: 45-55 centímetros. Longitud de la cola: 40-45 centímetros. Aspecto muy característico: pelaje grisáceo tachonado profusamente de manchas negras, cola anillada, hocico afilado, grandes orejas y extremidades más bien cortas. Las huellas aparecen sin señales de uñas.

Especies similares: Puede ser confundida con gatos domésticos y monteses (sobre todo con los primeros), pero el estudio pormenorizado resuelve sin tardanza el problema.

Voz: Cuando se siente molestada gruñe y grita.

Hábitat y distribución en el Parque: Se oculta normalmente en parajes con vegetación arbórea y arbustiva abundante, en agujeros naturales de viejos troncos. Activa al anochecer y al amanecer, además de toda la noche. Difícil de ver. Puede intentarse el hallazgo de huellas junto a los arroyos

ERIZO COMÚN *(Erinaceus europaeus)*

Ing.: Hedgehog. Fra.: Hérisson d'Europe. Alem.: Igel. It.: Riccio. Port.: Ouriço cacheiro.

Identificación: Longitud, incluyendo cabeza y cola: 24-30 centímetros. Cuerpo redondeado, pesado y aplanado. Aspecto inconfundible, sobre todo por sus múltiples espinas. Las patas son más bien cortas. El hocico, alargado. Orejas pequeñas y triangulares. Coloración general parduzca, con partes inferiores muy claras.

Especies similares: El erizo moruno *(Aethechinus algirus)* es muy parecido, pero tiene el color de las púas más claro, y éstas aparecen separadas en dos hileras sobre la frente.

Voz: Muy silencioso, emite silbidos y gruñidos.

Hábitat y distribución en el Parque: Prefiere zonas adehesadas y sotos con abundante matorral. Sus hábitos son fundamentalmente nocturnos, por lo que pasa el día oculto en el nido o madriguera. En invierno se aletarga. Cuando es molestado y si no ve la posibilidad de huir, recurre a la típica postura en forma de bola.

MUSARAÑA COMÚN *(Crocidura russula)*

Ing.: White-toothed shrew. Fra.: Musaraigne musette. Alem.: Hausspitzmaus. It.: Topino petti rosso. Port.: Morganho domêstico.

Identificación: Longitud cabeza y cuerpo: 6,5-10 centímetros. La cola mide entre 3 y 4,5 centímetros. Pelaje color marrón grisáceo con partes inferiores blancas. Hocico alargado y puntiagudo. Orejas redondeadas y más bien pequeñas. Ojos negros muy diminutos.

Especies similares: Existen otras especies, como el musgaño de Cabrera *(Neomys anomalus)*, con las que se le puede confundir. No obstante, en el Parque, sólo coincide con la musarañita *(Suncus etruscus)*, especie muy pequeña que se distingue, además, por carecer de partes inferiores blancas.

Voz: Chilla en ocasiones.

Hábitat y distribución en el Parque: Prefiere zonas con abundante vegetación, a ser posible con gran cantidad de hojas en el suelo. Por el día permanece oculta. Huésped seguro en viviendas abandonadas. Difícil de descubrir.

Erizo devorando una culebra de agua (▲). Musaraña común (▼).

LIRON CARETO *(Eliomys quercinus)*

Ing.: Garden dormouse. Fra.: Lérot. Alem.: Gartenschläfer.
It.: Quercino. Port.: Rato da serra.

Identificación: Cabeza y cuerpo alrededor de 15 centímetros. La cola mide unos 10 centímetros. Fácilmente reconocible por su antifaz negro sobre el resto del pelaje pardo grisáceo. La cola es otro rasgo característico, ya que aparece rematada por un mechón blanquinegro. Las partes inferiores son blanco-cremosas.

Especies similares: La otra especie de lirón que habita en España no posee antifaz y, además, no vive en Monfragüe.

Voz: Sonidos a modo de gruñidos o jadeos.

Hábitat y distribución en el Parque: Especie típica del bosque mediterráneo. Se instala en agujeros de troncos preferentemente. Suele construir un nidal muy confortable, a base de musgo, plumas, hierba, lana, etc. En invierno se aletarga. Activo sobre todo por la noche. Nada con soltura si se ve obligado. Muy abundante.

MURCIELAGO RATERO *(Myotis myotis)*

Ing.: Mouse-eared bat. Fra.: Vespertilion murin.
Alem.: Grossmaushor.

Identificación: Longitud de cabeza, cuerpo y cola: 10-14 centímetros. Murciélago grande, de orejas anchas, grandes y ovaladas, con 7 u 8 pliegues transversales. Alas amplias. Cola con la última vértebra fuera de la membrana.

Especies similares: En vuelo es fácil confundirlo con otras especies, como por ejemplo el orejudo común (*Plecotus auritus*), pero en la mano éste último rápidamente se identifica gracias a sus enormes pabellones auriculares. El murciélago ribereño (*Leuconoë daubentonii*), que también habita en Monfragüe, tiene las orejas más cortas y el pie posterior incluido hasta la mitad en la membrana; en el ratero esta membrana llega hasta el nacimiento de los dedos.

Voz: No ha sido descrita.

Hábitat y distribución en el Parque: Zonas edificadas o rocosas, con agujeros o cuevas. Es relativamente abundante, visible en las inmediaciones del castillo, sobre todo cuando sale de sus refugios al anochecer.

Lirón careto, roedor de hábitos nocturnos (▲). Murciélago ratero (▼).

OTRAS ESPECIES

Ciertamente, los mamíferos no cuentan en Monfragüe con un número de especies muy alto, pero sí con más de las que hemos abordado en las páginas anteriores. A continuación, ofrecemos a los lectores una lista con otras especies, todas ellas constatadas en los inventarios faunísticos del Parque llevados a cabo hasta la fecha:

—Conejo (*Orytolagus cuniculus*).
—Liebre (*Lepus capensis*).
—Rata de agua (*Arvicola amphibius*).
—Topillo común (*Pitymys duodecimcostatus*).
—Ratón de campo (*Sylvaemus sylvaticus*).
—Rata campestre (*Ratus ratus*).
—Comadreja (*Mustela nivalis*).
—Turón común (*Mustela putorius*).
—Garduña (*Martes foina*).
—Meloncillo (*Herpestes ichneumon*).
—Corzo (*Capreolus capreolus*).
—Musarañita (*Suncus etruscus*).
—Topo ciego (*Talpa caeca*).
—Rinolofo grande (*Rhinolophus ferrum-equinum*).
—Rinolofo pequeño (*Rhinolophus ipposideros*).
—Rinolofo mediterráneo (*Rhinolophus euryale*).
—Rinolofo mediano (*Rhinolophus mehelyi*).
—Murciélago ribereño (*Leuconoë daubentonii*).
—Murciélago bigotudo (*Selysius mystacinus*).
—Murciélago de Nattere (*Selysius nattereri*).
—Orejudo común (*Plecotus auritus*).
—Murciélago troglodita (*Miniopterus schreibersii*).
—Murciélago común (*Pipistrellus pipistrellus*).
—Murciélago de borde claro (*Pipistrellus kuhlii*).
—Murciélago hortelano (*Vespertilio serotinus*).
—Nóctulo común (*Nyctalus noctula*).
—Murciélago rabudo (*Tadarida teniotis*).

De todas estas especies, merece, en primer lugar, un comentario el meloncillo, vivérrido devorador de ofidios, que se caracteriza por su rapidez de reflejos y su extraordinaria agilidad para evitar la mordedura de las especies venenosas. Está considerado en España como especie en peligro de extinción, por lo que ha sido declarada como protegida por la ley. En Monfragüe, según los zoólogos, existe, pero su número debe ser muy reducido. Es difícil de descubrir, incluso a través de sus huellas.

El corzo, en segundo lugar, también resulta escaso, siendo únicamente observable en la parte oriental del Parque. Debido a sus costumbres recatadas, que le hacen permanecer oculto entre la fronda más espesa, pasa fácilmente desapercibido, incluso ante los ojos de los depredadores.

El topo ciego, por su parte, habita praderas en las zonas frescas de las dehesas. Debe considerarse como poco frecuente, lo cual queda reflejado sobre el terreno en la ausencia de sus montones de tierra característicos.

Los mustélidos, con las tres especies citadas en esta lista: comadreja, garduña y turón, completan la función depredadora de las especies tratadas en las fichas. Las tres habitan preferentemente en áreas más o menos cubiertas de vegetación. La comadreja a veces se acerca a los núcleos habitados. El turón, además, es amante de merodear por arroyos y orillas de charcas cenagosas.

El grupo de los mamíferos voladores, muy extenso como puede comprobarse —con 14 especies—, no resulta tan notorio en la práctica. Los individuos de estas especies sólo se dejan ver en horas crepusculares, permaneciendo durante el día bien ocultos en cuevas, grietas o resquicios de construcciones humanas. La correcta identificación de cada especie exige observaciones de animales posados, ya que en vuelo es prácticamente imposible.

Finalmente, conviene dedicar unas líneas a otro mamífero presente hasta hace muy poco tiempo en la comarca. Se trata del lobo, del mítico cánido, denominado científicamente como *Canis lupus*, tan ligado a los parajes serranos de la totalidad de la Península Ibérica. Hoy, el núcleo más cercano se sitúa a muchos kilómetros, aunque el factor distancia no debe tenerse en cuenta como seguro contra su presencia. Su papel depredador resultó transcendental para el equilibrio ecológico de esta agraciada porción extremeña. El paso del tiempo analizará su falta.

C) Los reptiles

Por su especializada fisiología, esta clase animal hace gala de un ritmo vital que sólo nos permite visualizarlos en los meses en los que las temperaturas ambientales puedan considerarse como benignas. En la región extremeña donde nos encontramos, el conocido letargo invernal de los reptiles suele comenzar allá por octubre o noviembre, y finaliza generalmente a lo largo del mes de marzo. En estas fechas, con la primavera en puertas, los días son suficientemente largos como para permitir que el sol caldee la tierra y, por consiguiente, estimular a estas criaturas de sangre fría para que inicien de nuevo su ciclo vital anual. Pese a todo, la actividad o inactividad de las diferentes especies de reptiles que habitan Monfragüe queda supeditada a los caprichos climatológicos, capaces de originar períodos de frío o de calor inesperados, sobre todo en primavera y otoño, de modo que las especies que ahora nos interesan se vean en la necesidad de alterar igualmente su estancia dentro o fuera de sus respectivos cubiles.

Por tanto, dispuestos a tomar contacto con este grupo de animales, lo primero que tendremos en cuenta es el factor temperatura ambiental. Los buscaremos sólo cuando haga calor. Puede que incluso ni siquiera haga falta tomarse demasiadas molestias. Ellos, los reptiles, ya se trate de ofidios, de saurios o de quelonios, se anteponen a nuestra vista voluntariamente, sobre objetos prominentes o en lugares despejados, siempre intentando captar el calor de los rayos solares que precisan para su regulación orgánica. En el caso de las culebras ocurre algo muy especial, cuya justificación se desprende del condicionante anterior. Se trata, nada más y nada menos, de una notoria afluencia de ejemplares de varias especies a los diferentes tramos asfaltados dentro del Parque, siempre durante la noche y precisamente a la búsqueda de ese calor que necesitan y que encuentran tan generosamente conservado en el citado elemento antinatural. En todos estos casos nuestro comportamiento debe ser extremado en prudencia, sobre todo si vamos al volante.

Cabeza de varias culebras presentes en el Parque: 1.—Culebra de collar. 2.—Culebra viperina. 3.—Culebra lisa meridional. 4.—Culebra de cogulla. Su distinción se basa en la disposición de las placas post y preoculares.

111

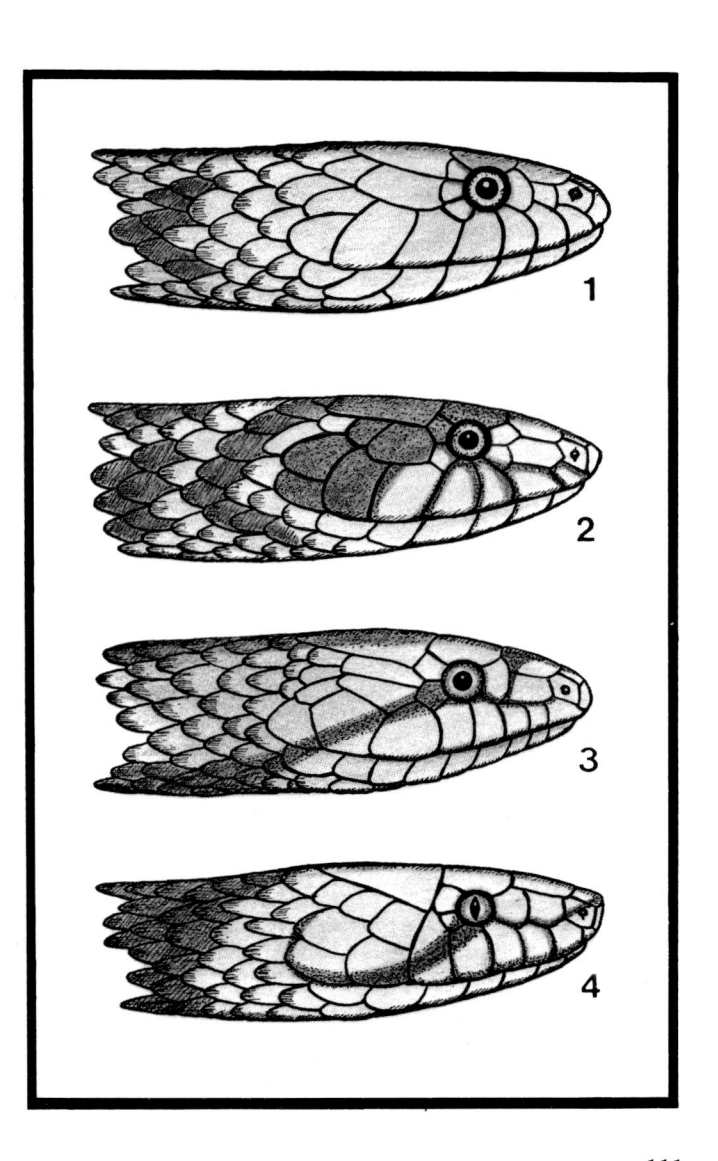

CULEBRA BASTARDA *(Malpolon monspessulanum)*

Ing.: Montpellier snake. Fra.: Couleuvre de Montpellier.
Alem.: Europäische Eidechsennatter. It.: Colubro di Montpellier.

Identificación: Hasta unos 2 metros de longitud en los ejemplares adultos. Coloración general verdosa, con escamas grandes y bien delimitadas. Rasgo característico: las cejas sobre los ojos, muy remarcadas y sobresalientes, de 17 a 19 hileras de escamas en cada mitad del cuerpo.

Especies similares: Fácil de diferenciar de cualquier otra especie si se observan las cejas, por lo que se puede decir que no existen especies similares.

Voz: No tiene sonidos que la identifiquen, silba y bufa.

Hábitat y distribución en el Parque: Amante de terrenos secos y ligeramente cubiertos de vegetación, en Monfragüe se instala preferentemente en las solanas y en parajes pedregosos. Activa durante el buen tiempo. Sale a las carreteras en las noches.

CULEBRA DE ESCALERA *(Elaphe escalaris)*

Ing.: Ladder snake. Fra.: Couleuvre à écholons. Alem.: Treppennatter.

Identificación: Los ejemplares adultos llegan hasta 120-150 centímetros de longitud. Dibujo característico sobre la espalda o dorso, tanto en los ejemplares jóvenes como en los adultos. En los jóvenes se aprecia claramente una escalera, con todos sus peldaños. A medida que la edad avanza, la escalera va perdiendo la definición de los peldaños, hasta que desaparecen por completo, quedando únicamente dos rayas paralelas.

Especies similares: En el Parque no puede ser confundida con otras especies, ni siquiera en el caso de jóvenes.

Voz: Bufa, sobre todo al sentirse amenazada.

Hábitat y distribución en el Parque: Puede ser hallada en cualquier lugar seco y pedregoso. Activa sobre todo durante el día. Sólo visible en primavera y verano. Por las noches acude a buscar el calor de las carreteras, lo que le proporciona gran cantidad de bajas debidas, lógicamente, al arrollamiento por los vehículos.

Culebra bastarda. (▲). Culebra de escalera adulta (▼).

GALAPAGO LEPROSO *(Mauremys caspica)*

Ing.: Stripe-necked Terrapin. Fra.: Clemmyde.
Alem.: Kaspiche Wasserschildkröte. Port.: Cágado-común.

Identificación: Longitud del caparazón en los adultos: hasta 20 centímetros. Coloración parda o verdosa. En las extremidades, así como en el cuello, cabeza y cola, aparecen franjas amarillas, especialmente en los flancos. El caparazón es liso y de coloración uniforme, con delimitaciones más oscuras entre las placas.

Especies similares: En Monfragüe sólo puede ser confundido con el galápago europeo (*Emys orbicularis*), pero este último es de coloración más oscura, con finas rayas amarillas sobre el caparazón y sobre la cabeza, donde están muy concentradas incluso en forma de puntos.

Voz: No tiene sonidos característicos.

Hábitat y distribución en el Parque: Frecuenta los lugares con aguas más o menos estancadas, con abundante vegetación acuática. Especie común en los embalses, sobre todo en las orillas y en los brazos que se adentran entre sierras. Muy abundantes y fáciles de ver, con hora propicia por la mañana, cuando empiezan a calentar los primeros rayos solares.

SALAMANQUESA *(Tarentola mauritanica)*

Ing.: Moorish Gecko. Fra.: Tarente. Alem.: Mauergecko.
It.: Taràntola mauritanica. Port.: Osga-comun.

Identificación: Longitud desde el morro hasta la punta de la cola: 14-16 centímetros. Coloración poco uniforme, grisácea o parduzca. Piel rugosa, con numerosos tubérculos. Dedos aplanados, con almohadillas adhesivas muy visibles.

Especies similares: No existe ninguna en esta zona.

Voz: Notas muy sonoras, repetitivas y entrecortadas, semejantes a un "ca-ca-ca-ca", con numerosas inflexiones.

Hábitat y distribución en el Parque: Generalmente se instala en zonas secas, sobre paredes de piedra, cortezas de árboles o interiores de edificaciones humanas. Activa durante el día y durante la noche, siempre que la temperatura sea benigna. En zonas habitadas por el hombre suele acudir junto a las farolas y bombillas, donde acecha a los insectos que se aproximen.

Galápago leproso (▲). Salamanquesa sobre una corteza de eucalipto (▼).

LAGARTO OCELADO *(Lacerta lepida)*

Ing.: Ocellated Lizard. Fra.: Lézard ocellé. Alem.: Perleidechse.
It.: Lucertola ocellata. Port.: Lagarto-común.

Identificación: Unos 20 centímetros de longitud media entre hocico y cloaca, aunque a veces llegan a los 40 centímetros. Coloración general verdosa, con manchas azules muy características en el costado de los machos. También las tienen las hembras, pero no resultan tan notorias.

Especies similares: No existen otras especies en la zona con las que se pueda confundir.

Voz: No tiene sonidos particulares.

Hábitat y distribución en Monfragüe: Animal típicamente mediterráneo, se instala en parajes más bien secos, con arbustos dispersos y piedras bajo las que cobijarse. En el Parque puede ser fácilmente visto en las cunetas y bordes de carreteras. También suelen perecer en las mismas, bajo el peso de los neumáticos.

LAGARTIJA COLIRROJA *(Acanthodactylus erythrurus)*

Ing.: Spiny-footed Lizard. Fra.: Acanthodactyle.
Alem.: Europäischer Franssenfinger. Port.: Lagatixa-dos-areais.

Identificación: Longitud entre hocico y cloaca: 7 centímetros. Coloración característica, con rayas longitudinales muy claras, y con multitud de puntos blancos, amarillos y negros distribuidos por el dorso. En los individuos jóvenes aparece la cola roja, de ahí el curioso nombre de esta especie.

Especies similares: Puede confundirse con la lagartija ibérica (*Podarcis hispanica*), sólo en el caso de las hembras y cuando se ven de lejos. De cerca rápidamente se comprueba que esta última posee las rayas longitudinales mucho más marcadas y apenas puntos.

Voz: No posee sonidos característicos.

Hábitat y distribución en el Parque: Preferiblemente en áreas resecas, con estratos arenosos abundantes y suficiente vegetación arbustiva para cobijarse. También se oculta en madrigueras oradadas en la tierra.

Lagarto ocelado macho (▲). Adulto de lagartija colirroja (▼).

OTRAS ESPECIES

En Monfragüe, además de las especies tratadas en las páginas precedentes, habitan otras que vienen a redondear el espectro herpetológico de la comarca. Y son las siguientes:

—Galápago europeo (*Emys orbicularis*).
—Lagartija colilarga (*Psammodromus algirus*).
—Lagartija cenicienta (*Psammodromus hispanicus*).
—Lagartija ibérica (*Podarcis hispanica*).
—Eslizón ibérico (*Chalcides bedriagai*).
—Eslizón tridáctilo (*Chalcides chalcides*).
—Culebrilla ciega (*Blanus cinereus*).
—Culebra de herradura (*Coluber hippocrepis*).
—Culebra de collar (*Natrix natrix*).
—Culebra viperina (*Natrix maura*).
—Culebra lisa europea (*Coronella austriaca*).
—Culebra lisa meridional (*Coronella girondica*).
—Culebra de cogulla (*Macroprotodon cucullatus*).
—Víbora hocicuda (*Vipera latasti*).

Estas 14 especies se distribuyen en los tres ecosistemas principales del Parque, con especial atención al bosque y matorral mediterráneos. En este caso están las tres lagartijas —colilarga, cenicienta e ibérica—, las dos culebras lisas —la europea y la meridional—, la culebra de cogulla y la víbora hocicuda. Todas son amantes de parajes secos, arenosos o pedregosos, con vegetación arbustiva bien representada y con bastantes horas de sol, lo que les induce a preferir las solanas a las umbrías. Su fisiología les hace permanecer inactivas en los meses de climatología adversa, por lo que sólo podremos tomar contacto con ellas durante la primavera y el verano, e incluso durante el otoño si el clima lo permite. En el medio acuático está el reino del galápago europeo, de la culebra de collar y de la viperina, si bien las tres especies pueden salir de las aguas y permanecer activas en igualdad de condiciones. Los dos eslizones y la culebrilla ciega se sitúan cerca del agua, pero no dentro de ella. Su habitat está en los prados y en las márgenes herbosas. El roquedo, por último, queda reservado a una especie de las citadas aquí, a la culebra de herradura, aunque también es posible encontrarla fuera de este medio.

La identificación de las especies anteriores no reviste grandes dificultades, sobre todo si se cuenta con la ayuda de una guía de campo de reptiles. No obstante, en la página 111 hemos incluido un dibujo esquemático de las cabezas de cuatro de las culebras mencionadas: la de collar (1), la viperina (2), la lisa meridional (3) y la de cogulla (4). Su distinción radica, fundamentalmente, en las placas o escamas preoculares y postoculares que, como puede comprobarse, son diferentes en cada especie en cuestión. Este sistema de catalogación exige, quizá, el tener los ejemplares en la mano, pero también puede servir cuando se obtengan fotos con teleobjetivos o equipos de aproximación, con la suficiente definición y detalle, de animales en libertad, en su propio medio y sin el castigo innecesario que supone la captura. El color debe ser, asimismo tenido en cuenta.

Tratándose de los eslizones, puede haber cierta dificultad en la identificación de la especie exacta si, como suele ocurrir a menudo, la observación se reduce a una fugaz visión del animal en fuga. Lo que a primera vista nos pareció una pequeña culebrilla parduzca, se retrata más tarde, tras la visualización del reptil parado, como una curiosa mezcla de lagartija y ofidio. El cuerpo resulta, en efecto, serpentiforme, pero también posee patas, muy pequeñas en comparación con el tamaño total. Estas particularidades son mayormente acusadas en el caso del tridáctilo, en el que las patitas son sólo un apéndice de varios milímetros. El eslizón ibérico, por su lado, tiene las patas más grandes, y el cuerpo menos alargado, más grueso en comparación. En cuanto a los tamaños, el primero llega a medir 20 centímetros, mientras que el segundo no sobrepasa los 15.

La culebrilla ciega, para finalizar, se deja reconocer gracias a su extraordinario parecido con una gran lombriz —incluso suele permanecer largo tiempo bajo tierra—, con la salvedad de que cuenta con una cabeza bien diferenciada del resto del cuerpo.

D) Los anfibios

Completan, junto con las aves, los mamíferos y los reptiles, el conjunto de macrofauna terrestre de este Parque Natural de Monfragüe. En líneas generales, como ocurría con los reptiles, se comportan como animales de rítmo vital cíclico, con períodos de actividad y de descanso muy grandes y bien delimitados a lo largo del año. No es necesario incidir demasiado en que son particularmente visibles en los meses de clima benigno, es decir, en primavera y verano, incluso, en parte del otoño en estas latitudes. El despertar de estas especies, sobre todo si se trata de anuros, suele coincidir con alguna tormenta o aguacero allá por marzo o abril, aunque a veces, si el frío no es intenso, pueden hacerlo en febrero. Basta con el simple repiqueteo de las gotas de lluvia sobre la capa superior de la tierra donde se ocultan para que, misteriosamente, su organismo inicie un proceso de revitalización acelerado. Tras la salida al exterior, con exigencias alimenticias manifiestas del propio organismo, el primer paso es buscar algo que llevarse a la boca, generalmente insectos. Poco después llegará el turno del celo, de la reproducción. Es entonces cuando los machos cantan insistentemente para atraer a las hembras. A la cópula sucederá la puesta de los huevos, normalmente en grandes cantidades, para lo cual se dirigen a las charcas o a los arroyos. Allí, en el seno de las aguas, nacerán las larvas dispuestas a acometer el proceso de la metamorfosis. Estas larvas, en el caso de los sapos y las ranas, son muy diferentes y en nada recuerdan a los especímenes adultos. Los urodelos (salamandra, tritones, etc.) conservan caracteres más parecidos a los de sus progenitores. En cualquier caso, en la página de al lado hemos dibujado las larvas de seis de estas especies, con el fin de que sirvan de orientación en momentos en los que se produzca el hallazgo en este estadío de sus respectivas existencias.

Es conveniente dejar constancia, finalmente, de lo fácil y usual que resulta el avistamiento de estas especies en las noches lluviosas y templadas sobre todo en primavera.

Larvas de algúnas de las especies de anfibios del Parque: 1.—Salamandra. 2.—Tritón jaspeado. 3.—Gallipato. 4.—Sapo partero ibérico. 5.—Ranita meridional. 6.—Sapo común.

121

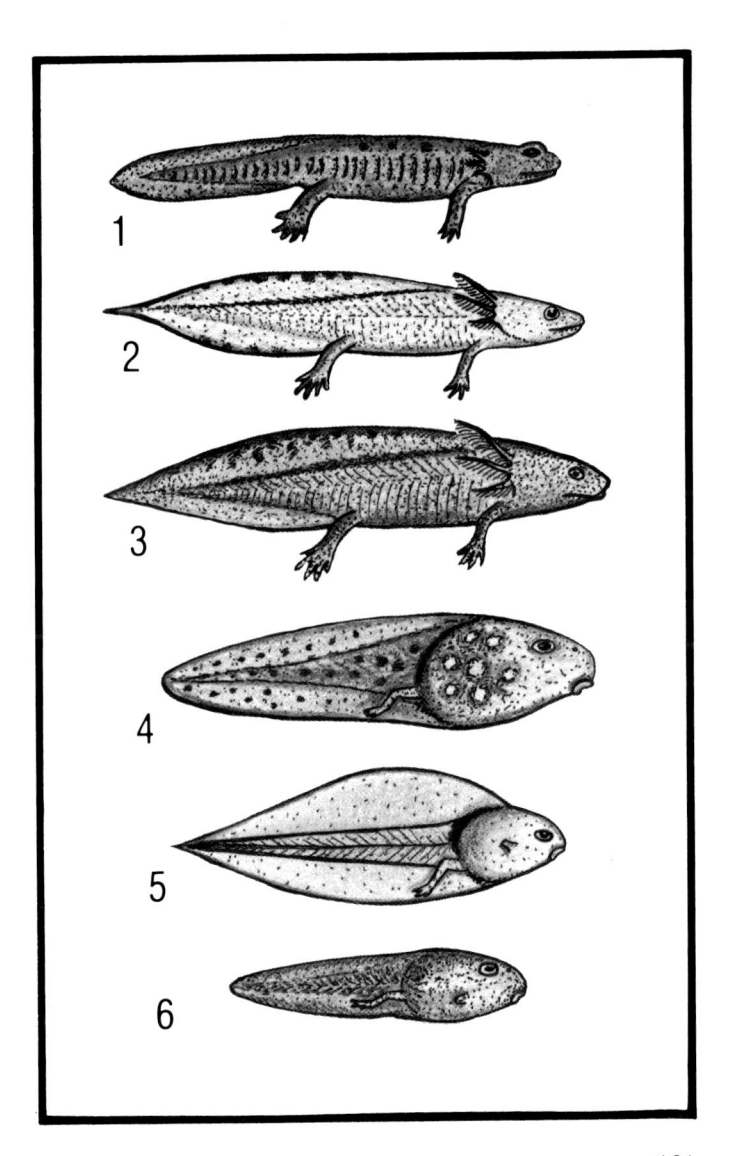

SAPO PARTERO IBERICO *(Alytes cisternasii)*

Ing.: Iberian Midwife Toad. Fra.: Crapaud accoucheur ibérique.
Alem.: Iberische Geburtshelferkröte.

Identificación: Normalmente menos de 5 centímetros de longitud en los ejemplares adultos. Coloración grisácea, con manchas negras y multitud de puntitos rojizos. Cuerpo rechoncho.

Especies similares: Puede confundirse con facilidad con el sapo partero común (*Alytes obstetricans*), sobre todo al observarlo en su medio natural. En la mano, el estudio pormenorizado de los ejemplares resuelve con prontitud la incertidumbre. El ibérico tiene dos tubérculos en la palma de la mano, en lugar de los tres que tiene el común. Sobre los párpados, el ibérico tiene, además, varias manchitas claras, amarillo pálido o rojizas.

Voz: No ha sido descrita por el momento. Posiblemente como la del sapo partero común.

Hábitat y distribución en el Parque: Prefiere parajes arenosos. Orada sus madrigueras en la arena con las patas delanteras. Activo sobre todo por la noche. Especie común en todo el Parque.

SAPO CORREDOR *(Bufo calamita)*

Ing.: Natterjack. Fra.: Crapaud calamite. Alem.: Kreuzkröte.
It.: Rospo palustre. Port.: Sapo-corredor.

Identificación: Longitud en torno a los 7 centímetros. Aspecto característico a base de grandes rugosidades o tubérculos repartidos por toda la piel. Coloración clara de fondo, con manchas verdosas o parduzcas irregulares. Pupila horizontal.

Especies similares: Puede coincidir en la coloración con el sapo de espuelas (*Pelobates cultripes*), pero éste tiene la piel menos rugosa y la pupila vertical. El sapo común (*Bufo bufo*) también se le parece, incluso en la pupila. La diferencia estriba en la disposición de las glándulas parotoideas, oblicuas en el común y paralelas en el corredor.

Voz: Cantor nocturno. Emite un fuerte chasquido.

Hábitat y distribución en el Parque: Preferentemente en parajes poco rocosos, con suelos terrosos. Abundante y bien distribuido. Fácil de observar en las carreteras por la noche.

Sapo partero ibérico (▲). Sapo corredor (▼).

RANITA MERIDIONAL *(Hyla meridionalis)*

Ing.: Stripeless Tree Frog. Fra.: Rainette du Midi. Alem.: Mittelmeer-Laubfrosch. It.: Raganella mediterranea. Port.: Rela-meridional.

Identificación: Ejemplares adultos hasta 5 centímetros de longitud. Coloración verdosa muy característica, con antifaz negro muy conspicuo. Patas largas con ventosas muy notorias en todos los dedos.

Especies similares: La ranita de San Antonio *(Hyla arborea)* es muy parecida, igual a simple vista. Se diferencia claramente si se observa la longitud del antifaz negro, mucho más corto en la meridional, en la que apenas pasa de las extremidades anteriores. En la ranita de San Antonio, esta franja negra llega cerca de las extremidades posteriores.

Voz: Algo así como un "cra-ca-ca" repetido y sonoro.

Hábitat y distribución en el Parque: Como una rana típicamente arborícola, habita en parajes donde existan numerosos arbustos a los que encaramarse. Si es posible, se instalan cerca del agua. Puede considerarse abundante, aunque pasa fácilmente desapercibida.

SAPO COMUN *(Bufo bufo)*

Ing.: Common Toad. Fra.: Crapaud commun. Alem.: Erdkröte. It.: Rospo comune. Port.: Sapo-comun.

Identificación: Longitud aproximada en torno a los 15 centímetros, si bien es posible encontrar ejemplares mayores. Piel rugosa y verrucada. Pupila horizontal y glándulas parotoideas muy prominentes y dispuestas oblícuamente a ambos lados de la cabeza. Coloración parduzca, con manchas claras y oscuras a veces muy contrastadas.

Especies similares: El sapo corredor *(Bufo calamita)* se le puede asemejar tratándose de ejemplares poco desarrollados, pero su coloración es muy distinta y las glándulas parotoideas las tiene colocadas paralelamente.

Voz: Llamada nocturna semejante a un "gruark-gruark" no muy sonoro.

Hábitat y distribución en el Parque: Prefiere los parajes húmedos, pero no duda en instalarse en otros lugares, incluso los totalmente secos. Muy común en toda la geografía de Monfragüe.

Ranita meridional (▲). *Sapo común* (▼).

TRITON JASPEADO *(Triturus marmoratus)*

Ing.: Marbled Newt. Fra.: Triton marbré. Alem.: Marmormolch.

Identificación: Adultos hasta 14 centímetros con cola incluida, pero por lo general menos de esa medida. Coloración verdosa con grandes manchas negras distribuidas por todo el cuerpo. Los machos presentan una cresta en la cola y dorso cuando están en celo.

Especies similares: No existe ninguna en esta zona.

Voz: No ha sido citada.

Hábitat y distribución en el Parque: Casi siempre en lugares húmedos, con ríos, arroyos o charcas. Suelen permanecer largo tiempo dentro del agua. En épocas adversas se ocultan en agujeros en el suelo. Las larvas, que se corresponden con la figura número 2 de la lámina de la página 121, permanecen dentro del agua hasta que completan su ciclo, con preferencia hacia aguas limpias, no estancadas pero sin corrientes fuertes. Puede catalogarse como especie abundante en Monfragüe.

SALAMANDRA COMUN *(Salamandra salamandra)*

Ing.: Fire Salamander. Fra.: Salamandre tachetée. Alem.: Feuersalamander. It.: Salamandra pezzata. Port.: Salamandra-de-pintas.

Identificación: Longitud hasta 20 centímetros aproximadamente en especímenes adultos. A veces llegan hasta los 25 centímetros. Aspecto inconfundible, con coloración negra como fondo y manchas amarillas sobre él. A veces, estas manchas amarillas pueden ser franjas longitudinales.

Especies similares: No existen en la zona.

Voz: Tampoco ha sido descrita.

Hábitat y distribución en el Parque: Prefiere lugares húmedos, o cercanos al agua. Su actividad es preferentemente nocturna, lo que le induce a buscar refugio por el día, bien bajo piedras o bajo troncos. Particularmente activa cuando llueve. En esta zona, donde la especie se considera común, suelen observarse junto a pequeños arroyos. Como salvedad, conviene decir que no es recomendable el coger con la mano un ejemplar de salamandra común, ya que su piel segrega sustancias tóxicas.

Tritón jaspeado fuera del agua (▲). Salamandra común (▼).

OTRAS ESPECIES

Aparte de las seis especies anteriores, consideradas como las más representativas de esta clase animal dentro del Parque Natural de Monfragüe, existen otras nueve igualmente dignas de mención, algunas de ellas incluso más abundantes y fáciles de ver que las tratadas en las fichas. Estas nueve especies son las siguientes:

—Gallipato (*Pleurodeles walti*).
—Tritón ibérico (*Triturus boscai*).
—Sapillo pintojo (*Discoglossus pictus*).
—Sapo partero común (*Alytes obstetricans*).
—Sapo de espuelas (*Pelobates cultripes*).
—Sapillo moteado (*Pelodytes punctatus*).
—Ranita de San Antonio (*Hyla arborea*).
—Rana verde común (*Rana ridibunda*).

El gallipato mide aproximadamente 20 centímetros en caso de ejemplares adultos. A veces llegan a los 30. Su aspecto es muy característico, con el cuerpo pesado, la cabeza aplanada, los ojos pequeños y una visible hilera de verrugas amarillentas en cada costado. La cola es larga y ancha. La coloración general es verdosa o parduzca, con numerosas manchas negras repartidas por toda la superficie. Habita preferentemente arroyos y riachuelos —también charcas— de aguas lentas o estancadas en alguno de sus tramos.

El tritón ibérico es mucho más pequeño que la especie anterior. Los adultos miden no más de 10 centímetros y presentan una cola larga y aplanada lateralmente. La coloración es parduzca, salvo en el vientre, que es rojizo, con profusión de puntos negros. Habita aguas corrientes y estancadas.

El sapillo pintojo mide unos 6 centímetros y es bastante parecido a la rana común, pero posee la distinción en la pupila, que no es horizontal. La coloración recuerda también a la rana común.

El sapo partero común es muy parecido al ibérico, tratado en la página 122, pero se le diferencia por los tubérculos de las manos.

El sapo de espuelas, cuya medida en adultos ronda los 9 ó 10 centímetros, es fácilmente identificable por su aspecto rechoncho y poco ágil y por poseer dos protuberancias córneas en los talones de las patas traseras. Con estas "espuelas" hace perforaciones en el suelo antes de enterrarse. Habita todo tipo de terrenos, excepto los pedregosos. Actividad nocturna.

El sapillo moteado mide alrededor de los 5 centímetros y tiene el aspecto de una pequeña rana común, aunque puede distinguirse perfectamente tanto por la pupila vertical como por la coloración parda salpicada de minúsculas motas oliváceas en el dorso. Es una especie menos ligada al agua que las anteriores, que puede ser hallada a muchos metros del arroyo más cercano, entre la vegetación o sobre las piedras.

La ranita de San Antonio es prácticamente idéntica a la meridional, al menos a simple vista. Su tamaño es mayor en los individuos adultos y se diferencia de aquélla (constatado en la página 124) en la longitud del antifaz negro. Sus poblaciones respectivas se solapan en el Parque, con posible mayor abundancia de la meridional.

La rana verde común, por último, se encuentra distribuida por doquier, tanto en los cauces hídricos como fuera de ellos. No es necesario verla para saber que está allí, y que su "croa-croa" es suficientemente ruidoso, sobre todo en época reproductora, como para no pasar desapercibido. El aspecto de esta rana, que puede alcanzar los 15 centímetros de longitud, resulta característico, con su cabeza apuntada y su coloración y figura por todos conocida.

La observación de estos animales es particularmente factible en las noches lluviosas y templadas de la primavera. El recorrido tranquilo por las carreteras del Parque puede ponernos en contacto con la práctica totalidad de las especies.

E) Los peces.

Nuestro periplo faunístico por el Parque Natural de Monfragüe finaliza con los peces, con los genuinos habitantes de las aguas, tan bien representadas en el mismo, con grandes masas embalsadas y con riachuelos y arroyos de gran riqueza biológica.

A grandes rasgos, podemos decir que es posible encontrar cuatro especies principales: la tenca (*Tinca tinca*), la carpa (*Cyprinus carpio*), el black-bass (*Micropterus salmoides*) y el barbo comizo (*Barbus comiza*) (las cuatro especies aparecen dibujadas en la lámina de la página de la derecha), aunque también suelen citarse avistamientos o capturas —por parte de pescadores— de otras especies, tales como anguilas (*Anguilla anguilla*), carpines (*Carassius carassius*), bogas (*Chondrostoma polylepis*), frailes (*Blennius fluviatilis*) y espinosos (*Gasterosteus asculeatus*).

Vamos a centrarnos ahora, aunque sólo sea someramente, en las cuatro especies catalogadas como principales:

— La tenca es reconocible por su coloración verdosa en flancos y dorso, y anaranjada en el vientre y mandíbula inferior. Los ejemplares adultos pueden llegar a los 50 centímetros y a un peso de unos 2 kilogramos.

— La carpa resulta rápidamente identificada por sus grandes escamas, así como por su forma esbelta y por sus pequeños barbillones en el labio superior. Los ejemplares adultos llegan a medir cerca de 50 centímetros, aunque generalmente no sobrepasan en estado salvaje los 40. Su peso para estas medidas es de un kilogramo aproximadamente.

— El black-bass, aparte de contar con una potente mandíbula muy característica, posee la aleta dorsal dividida en dos partes, lo cual es suficiente para identificarlo con rapidez. Algunos especímenes han llegado a los 70 centímetros y a los 10 kilogramos de peso. Prefieren aguas lentas.

— El barbo comizo alcanza una talla media de 30-40 centímetros y es identificable por sus barbillones, en número de 4, que cuelgan del labio superior. La aleta dorsal presenta el radio más largo osificado y el borde posterior aserrado. Es habitante de fondos, y suele moverse en grupos más o menos numerosos.

De arriba abajo: tenca, carpa, black-bass y barbo comizo (▶).

J.L. RODRIGUEZ - 1985

LA FLORA

Al abordar el apartado correspondiente al ecosistema denominado bosque y matorral mediterráneos, hicimos ya alusión a lo verdaderamente exuberante que resulta el manto vegetal que recubre gran parte del suelo del Parque. Decíamos entonces que supone el primer escalón en la pirámide ecológica que allí podemos establecer: el de los productores, lo que significa, a su vez, que es el punto de partida de todas las cadenas tróficas cuyos eslabones pertenezcan a tierra firme. Pero su importancia quizá sea todavía mayor si consideramos que de este manto vegetal depende la instauración y conservación del microclima que los propios complejos herbáceo, arbóreo y arbustivo necesitan para sobrevivir en las mejores condiciones y siempre interrelacionados. Ciertamente, el bosque y matorral mediterráneos, que es el ecosistema principal del Parque, sobre todo si queremos realizar un estudio botánico, resulta un mundo aparte, un conjunto de mecanismos destinados a vencer los rigores climatológicos más adversos. De aquí se deriva, por consiguiente, un crecimiento lento, de docenas y docenas de años en el caso de alcornoques y encinas, lo que redunda en un acuse importante de las alteraciones ejercidas por la mano del hombre. El poder de regeneración de este ecosistema está considerado como uno de los más lentos. Por ello, y por tratarse, como ya se ha dicho en tantas y tantas ocasiones, de un ecosistema en peligro de extinción, conviene que lo conozcamos en su integridad, con todas sus especies características y más representativas, objeto de esta guía dedicada a uno de los enclaves donde aún quedan importantes masas relícticas de este ecosistema tan genuinamente ibérico. En las páginas que vienen a continuación abordaremos las 15 especies más comunes, 13 de ellas genuinas y 2 introducidas, una de las cuales —el eucalipto— no sólo debe ser considerado como foráneo, sino, además, como un peligroso elemento que altera el paisaje y el microclima antes referido. En las últimas páginas añadimos otras especies que conviene tener en cuenta, con la salvedad de que existen otras muchas que, por cuestiones de espacio, dejamos en el tintero, pero que pueden ser descubiertas y catalogadas por los visitantes amantes de la botánica sin necesidad de buscar demasiado. Para tal menester será de gran utilidad una guía sencilla de botánica. Las sorpresas pueden resultar muy interesantes. Por nuestra parte, nos conformaremos con dar, en forma de fichas, una serie de datos, acompañados de fotografías de 11 de las especies, que nos posibiliten un reconocimiento en primera instancia. En cada una de estas fichas incluimos cuatro apartados: 1) Identificación. 2) Especies similares. 3) Floración. 4) Hábitat y distribución en el Parque. En el primero, los datos, sucintos, comprenden las características más acusadas y definitorias de la especie en cuestión, tales como aspecto externo, medidas, presencia de flores y frutos, etc. En el segundo, se citan las especies similares, estableciendo las diferencias que nos facilitan la separación entre ellas, sin hacer uso de claves u otros procedimientos de paciente comprensión (lo que remitimos al empleo de otros manuales especializados). En el tercero, son las épocas de floración, incluso de aparición de frutos, las que se anotan. Y en el cuarto, nos centramos en la presencia en el Parque, desde sus asentamientos en los diferentes suelos, hasta la distribución en las laderas, valles o enclaves concretos, citando aquellos puntos donde pueden ser observados ejemplares notables. También dentro de este cuarto apartado constatamos, además, la abundancia o escasez de la especie tratada. Tanto en uno como en otro, la terminología empleada pretende ser sencilla, de fácil comprensión para aquellas personas poco versadas en temas relativos a la ciencia de la Botánica, muy compleja por otra parte.

Es preciso, finalmente, hacer un inciso para decir que la observación de las especies botánicas de este maravilloso Parque Natural de Monfragüe debe hacerse esgrimiendo el máximo respeto hacia las mismas. Incluso los estudios por parte de científicos no justifican la toma de muestras sin medida, tal y como se viene haciendo por norma. En este paraje, al igual que en todos aquellos donde los valores naturales sean importantes, debe prevalecer el propio interés del ecosistema sobre cualquier intención particular. Hoy, con los grandes adelantos en tecnología (por ejemplo, en fotografía) de que disponemos para nuestro provecho, se impone un cambio en los procedimientos tradicionales de estudio científico taxonómico.

JARA *(Cistus ladanifer)*

Identificación: Arbusto de unos 2 metros de altura máxima, aunque generalmente suele aparecer con medidas mucho menores. Las hojas son alargadas, enteras y estrechas. En ejemplares jóvenes aparece una curiosa impregnación muy pegajosa, llamada ládano, que les reporta un aspecto brillante muy notorio. Las flores son bastante grandes, de hasta 10 centímetros de diámetro, con 3 sépalos y 5 pétalos. Su color es el blanco y a veces, cuando se trata de la variedad "maculatus", tienen una pequeña mancha púrpura en la base (en la página 41 y en la de la derecha observamos ejemplares de *Cistus ladanifer* y en sus dos variedades, sin manchas y con manchas).

Especies similares: Existen diversas especies aparentemente semejantes a la descrita, pero el estudio de la textura de las hojas rápidamente revela que se trata de especies bien diferenciadas. Al final de las páginas dedicadas a las fichas de la flora citaremos varias de estas especies.

Floración: Normalmente, en condiciones meteorológicas adecuadas, de abril a junio.

Hábitat y distribución en el Parque: No es necesario insistir demasiado para dejar bien claro que esta especie puede sobrevivir sin demasiadas exigencias con respecto a la composición de los suelos. Pese a todo, conviene aclarar que se asienta sobre suelos ácidos degradados, ya sean de granitos, cuarcitas o pizarras. Gracias a la configuración de sus hojas puede resistir períodos de mucho calor y sequía. En el Parque, esta especie tapiza materialmente todo el suelo, a excepción de aquellas porciones donde aparecen enormes moles de rocas. Sus mejores representantes se encuentran en las laderas que encajonan el Tajo, a veces asociados con otras especies arbustivas y arbóreas. En las dehesas, donde el entorno ha sido modificado por el hombre, la jara apenas está presente, dejando su lugar a especies de mayor productividad.

Como arbusto en floración salta a la vista por sí mismo, salpicándolo todo con sus flores blancas y restando color al monótono verde que en otras épocas domina el paisaje.

Jara blanca (subespecie maculatus) en flor (▶).

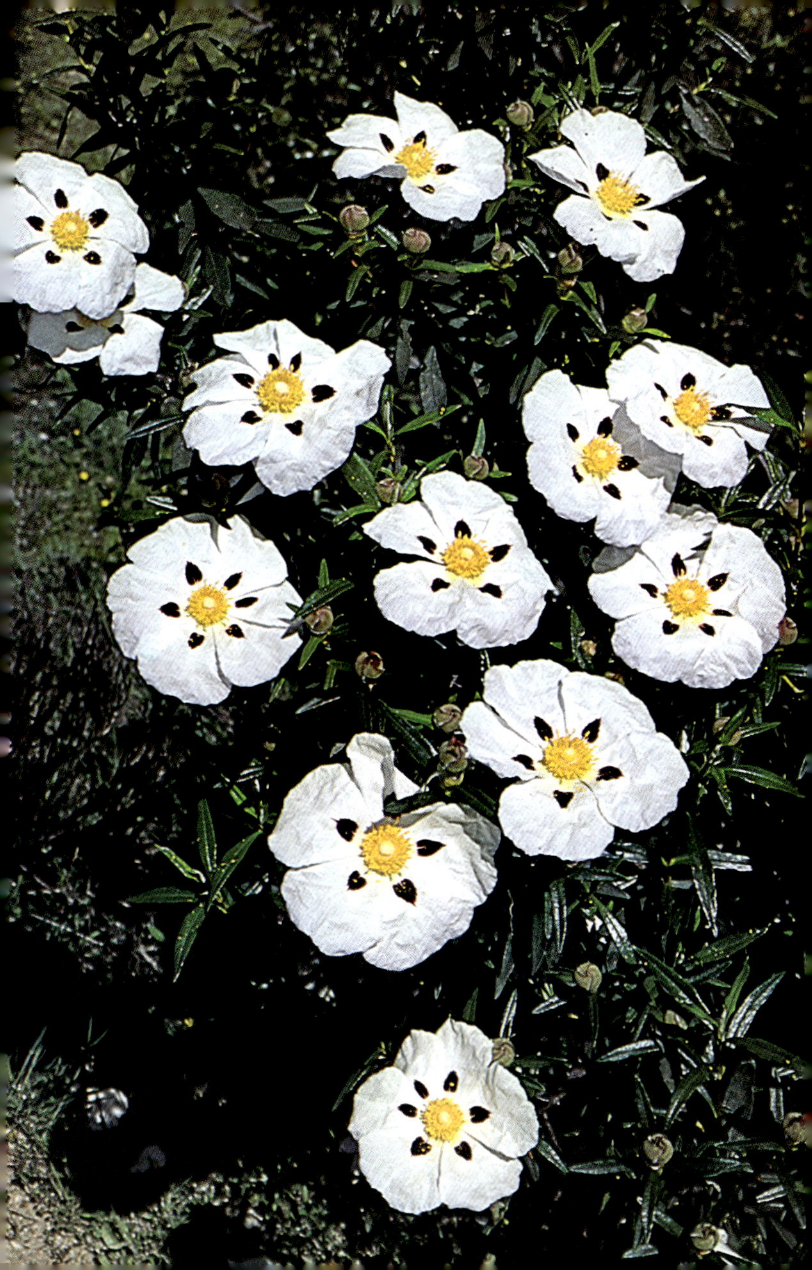

ESTEPA BLANCA *(Cistus albidus)*

Identificación: Arbusto de aproximadamente metro y medio de altura muy ramoso y de coloración general verde claro, algo grisáceo debido al "fieltro" que recubre tallos y hojas. Estas hojas exhiben, además, 3 ó 5 nervios principales, y nacen enfrentadas, abrazando al tallo en la base. La medida de las hojas es de varios milímetros hasta siete. Las flores son más bien grandes, de 4 a 6 centímetros de diámetro, con cáliz de 5 sépalos acorazonados o aovados. El color típico de estas flores es el rosa-púrpura, tal y como aparece en la fotografía de la página de la derecha. Los estambres son amarillos, muy vistosos. El fruto forma cápsulas ovoideas, sedosas de 6 a 8 milímetros, que se abren en 5 valvas y poseen numerosas semillas.

Especies similares: Unicamente posible de confundir en la zona con *Cistus crispus*, pero ésta última es de coloración más intensa y posee el borde de las hojas rizado, además de una mayor cantidad de pelos estrellados (que en *C. albidus* asemejaban al fieltro).

Floración: En Monfragüe es posible encontrarla en floración a lo largo del mes de abril, mayo y parte de junio, aunque estas fechas pueden sufrir fluctuaciones si las inclemencias meteorológicas son muy intensas.

Hábitat y distribución en el Parque: Al igual que la especie precedente (*Cistus ladanifer*), esta jara rosada —o estepa blanca, como también se la llama—, salta a la vista cuando está en floración. Sus vistosas tonalidades se mezclan normalmente con los blancos propios de su pariente. Su población en Monfragüe no resulta tan abundante, pero sí lo suficientemente alta como para estar presente en cualquiera de las sierras. Los suelos ácidos y pobres son su asentamiento ideal. Un lugar en donde puede observarse esta especie es la carretera que discurre entre Peñafalcón (pasa por la margen de enfrente de la citada peña) y el Puente del Cardenal. A ambos lados son muy visibles y abundantes los ejemplares, con alturas generalmente entre 70 y 150 centímetros.

Flores del bellísimo arbusto denominado estepa blanca (▶).

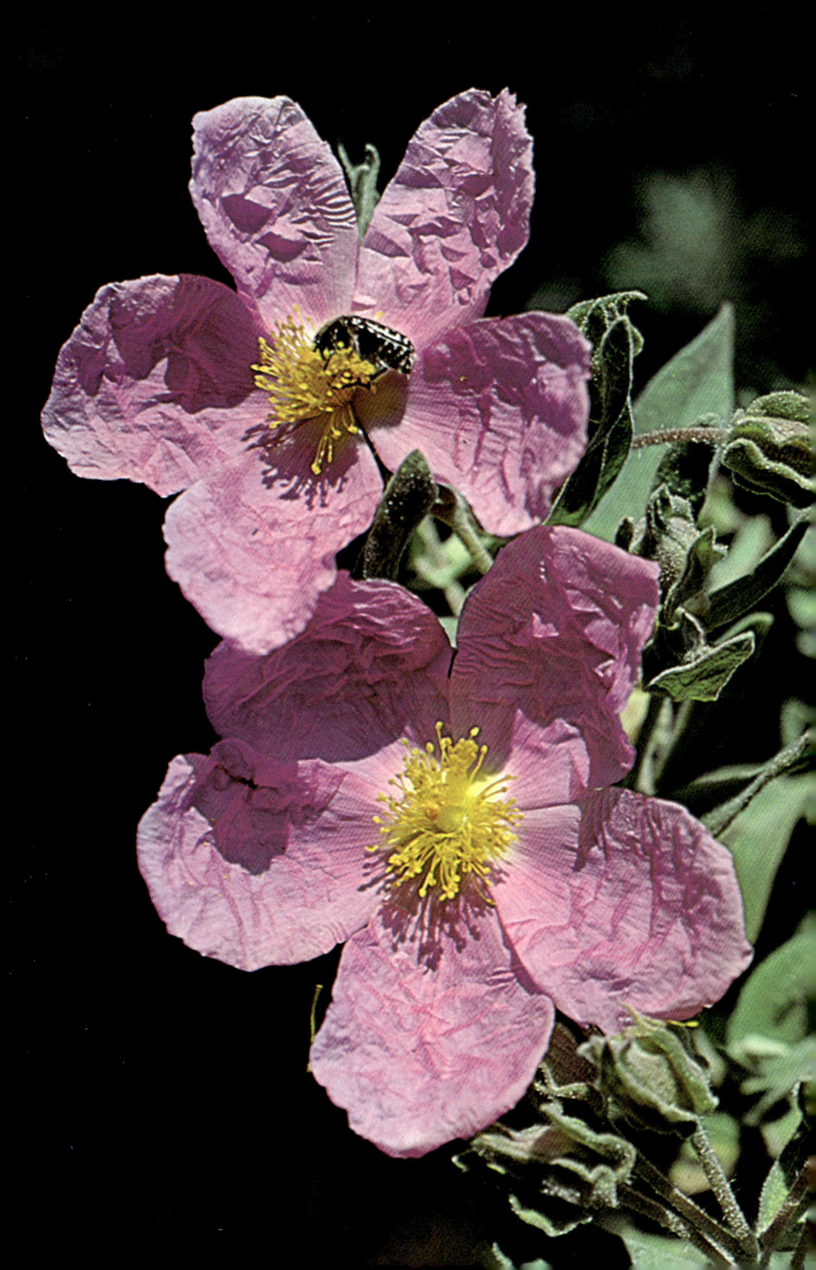

CANTUESO *(Lavandula stoechas)*

Identificación: Arbusto de escasa altura que rara vez supera el metro. Las ramas son de coloración verdosa pálida por la presencia de pelos blanquecinos muy numerosos, aunque debajo de éstos suele ocultarse una tonalidad pardo-rojiza. Las hojas son largas y estrechas, con el borde entero y de forma lanceolada. Las flores aparecen apiñadas en espigas terminales, con un penacho de brácteas de color violeta o púrpura. Los frutos están encerrados en el tubo del cáliz y tienen forma de pequeñas nueces alargadas.

Especies similares: No es fácil el confundirla con otra especie. La subespecie *pedunculata* tiene el pedúnculo que sostiene las espigas muy largo, sin hojas, y presenta las brácteas del penacho proporcionalmente más largas.

Floración: A partir de marzo.

Hábitat y distribución en el Parque: Especie típica en las zonas de dehesas, aunque también puede hallarse asociada con las jaras en terrenos aclarados.

AHULAGA *(Genista hirsuta)*

Identificación: Arbusto que puede llegar al metro de altura, presenta una ramificación densa y apretada, con profusión de espinas y multitud de pelos blanquecinos y lanosos recubriendo los tallos. Las espinas a veces miden más de tres centímetros. Las hojas son alargadas, con largos pelos lanosos en el envés. Las flores aparecen en racimos terminales muy densos, con una coloración amarilla típica.

Especies similares: Puede confundirse con otras genistas fácilmente. No obstante, la disposición en forma de espigas de sus arracimadas flores, puede servir para establecer una primera diferenciación visual. El empleo de una guía es recomendable.

Floración: Normalmente de marzo a junio.

Hábitat y distribución en el Parque: Prefiere las zonas desprovistas de cal. En Monfragüe resulta visible en las dehesas aclaradas y en algunos otros puntos donde el matorral aparece dispersado. Algunos ejemplares pueblan las inmediaciones del Salto del Gitano.

Cantueso en flor (▲). Ahulaga, endemismo luso-extremadurense en flor (▼).

BREZO COLORADO (Erica australis)

Identificación: Arbusto de hasta 1,5 metros, con denso ramaje y hojas muy pequeñas, lineales y obtusas, de unos 5 milímetros, con el margen revuelto hasta encerrar por completo la cara inferior. El color de estas hojas es el verde, muy lustroso. Las flores se disponen en haces apretados en la terminación de las ramas, normalmente mirando todas hacia el mismo lado. Coloración típica rosada o púrpura.

Especies similares: Muy parecida a otras especies de brezos, de las que difícilmente se distingue a simple vista. También aquí se hace necesario el empleo de una guía especializada.

Floración: A partir de febrero, durante toda la primavera y a veces a lo largo del otoño.

Hábitat y distribución en el Parque: Prefiere suelos desprovistos de cal. Aparece asociado a otros brezos y a los arbustos citados anteriormente. Bastante abundante en Monfragüe, en todas las laderas.

BRECINA (Calluna vulgaris)

Identificación: Arbusto pequeño, que puede medir desde 20 centímetros hasta cerca de un metro. Se presenta verde todo el año, con hojas muy pequeñas, opuestas, con dos espolones en su base y sin peciolo. El tamaño de estas hojas raramente supera los 3 milímetros. Las flores son de color lila o azuladas, dispuestas en racimos terminales. El cáliz tiene 4 sépalos alargados envolviendo la corola.

Especies similares: Por su coloración es poco probable la confusión con otra especie.

Floración: Desde junio hasta octubre o noviembre, aunque en ocasiones puede presentar flores todo el año.

Hábitat y distribución en el Parque: Al igual que la especie anterior, prefiere los terrenos desprovistos de cal. Puede sobrevivir en suelos empobrecidos. Aparece frecuentemente asociada con otras especies. En Monfragüe se la encuentra en manchas aclaradas, incluso en los pinares de repoblación.

Brezo colorado en flor junto a un camino cerca de Villarreal de San Carlos (▶).

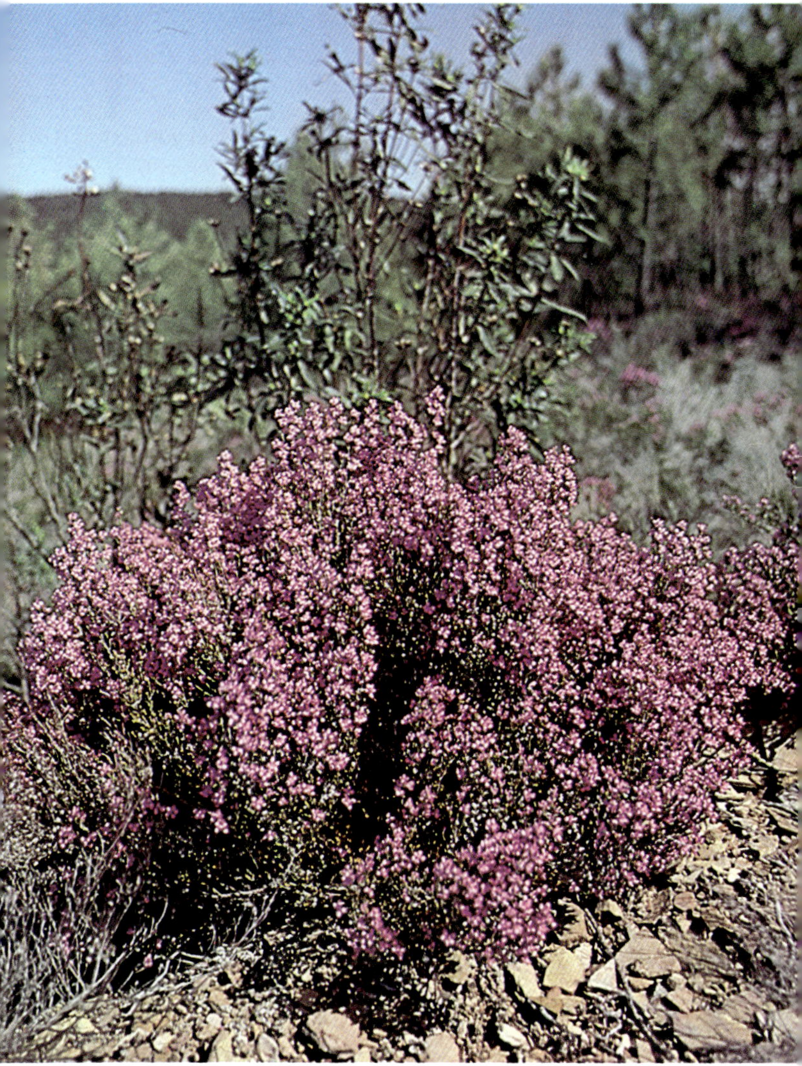

JAGUARZO BLANCO *(Halimium halimifolium)*

Identificación: Arbusto erguido de hasta 1,5 metros de altura, aunque en casos excepcionales llega a medir casi los 2. Los tallos y las hojas aparecen cubiertos de escamas pálidas que le reportan un aspecto plateado grisáceo. Las hojas, opuestas, tienen forma oval o lanceolada y miden cerca de 4 centímetros de largo por casi 2 de ancho. Las flores son grandes, de 3 ó 4 centímetros de diámetro con los pétalos amarillos y con una mancha negra en la base.

Especies similares: El *Halimium ocymoides* es muy parecido, pero apenas se da en esta comarca. Conviene decir además, que las flores de este último no suelen presentar la mancha negra en la base de los pétalos.

Floración: Normalmente de marzo a junio.

Hábitat y distribución en el Parque: Preferentemente habita suelos arenosos y removidos, con piedras sueltas y escasez de nutrientes. En Monfragüe, pese a ser ésta una especie que suele formar grandes "colonias", aparece como arbusto disperso, aunque notorio gracias a su colorido muy atractivo.

DURILLO *(Viburnum tinus)*

Identificación: Arbusto que puede alcanzar los 3 ó 4 metros de altura, se presenta verde todo el año. Las hojas son verdes en el haz y más claras en el envés. Las flores, de color blanco o blanco rosado, se sitúan en el extremo de las ramas, conformando parasoles muy característicos. Los frutos son ovoides, de 5 a 8 milímetros, de color azul oscuro o negro, y poseen un sólo hueso.

Especies similares: En floración se parece a *Viburnum lantana,* pero las hojas son diferentes (V. lantana las posee con el borde dentado mientras que *V. tinus* las tiene con el borde entero). Difícil de confundir con otras especies.

Floración: A finales de invierno. Frutos otoñales.

Hábitat y distribución en el Parque: Se asienta en suelos pedregosos con facilidad, entre encinas o arbustos de tipo mediterráneo. En Monfragüe habita laderas umbrosas, cerca del agua si existe.

Dos bellas flores de jaguarzo blanco.

MADROÑO *(Arbutus unedo)*

Identificación: Arbusto que puede llegar a alcanzar tamaños superiores a los de los propios árboles junto a los que habita, mide generalmente entre los 3 y 5 metros. El tronco tiene color pardo y es muy escamoso. Las hojas, de 4 a 11 centímetros de longitud y de forma lanceolada, tienen el borde levemente aserrado, son de color verde y presentan brillo por el haz. Las flores nacen en racimos, son de color blanco o blanco rosado y tienen una forma de tonel muy peculiar (véase foto de la página de la derecha). Los frutos resultan, por su parte, fácilmente reconocibles, tanto por su aspecto (baya globosa de 20 a 25 milímetros de diámetro, con la superficie verrugosa), como por su sabor (agradable, ya que es comestible).

Especies similares: No existen en esta zona.

Floración: En otoño y a lo largo del invierno. Los frutos maduran igualmente en otoño, hacia noviembre.

Hábitat y distribución en el Parque: Suele instalarse sobre terrenos más bien frescos, por lo que suele ser más frecuente en las umbrías. Puede desarrollarse perfectamente sobre suelos ácidos o calcáreos. Tolera mal las heladas. En Monfragüe los ejemplares de esta especie alcanzan tamaños espectaculares, con buenos representantes en la ladera norteña de la Sierra de las Corchuelas, justo al lado de la carretera que va del Salto del Gitano hasta el Puente del Cardenal.

ACEBUCHE *(Olea sylvestris)*

Identificación: Arbol mediano que a veces ni siquiera pasa de simple arbusto. Hojas coriáceas, perennes, de borde entero. Flores de color blanco, arracimadas y muy pequeñitas. Frutos muy conocidos (aceitunas), carnosos y con un solo hueso, de color verde primero y negro cuando están maduros.

Especies similares: No existen en esta zona.

Floración: Normalmente en mayo o junio.

Hábitat y distribución en el Parque: Suelos de todo tipo, por lo que puede ser hallado por doquier. En Monfragüe pueden verse ejemplares en la ladera norteña de la Sierra de las Corchuelas.

Flores de madroño fotografiadas en diciembre.

ENCINA *(Quercus ilex)*

Identificación: Arbol bien conocido por su abundancia, se reconoce rápidamente por varias características: su forma, con la copa amplia y redondeada, a modo de sombrilla; sus hojas, ovaladas, con borde entero o dentado, de color verde intenso por el haz y más pálido por el envés; y sus frutos, las bellotas.

Especies similares: La coscoja *(Quercus coccifera)*. Se diferencia de la encina tanto en el porte (la encina puede llegar a ser un gran árbol, mientras que la coscoja suele ser un simple arbusto o un pequeño arbolillo), como en la forma de las hojas, que son lampiñas por las dos caras (las de la encina presentan un fieltro claro fino por el envés) y con dientes espinosos muy prominentes.

Floración: En abril o mayo. Frutos en octubre.

Hábitat y distribución en el Parque: Especie típica de dehesas, aunque también trepa por las laderas no muy escarpadas. En Monfragüe está bien representada y puede considerarse como abundante, pese a que los ejemplares que sobreviven no sean en su mayoría de grandes dimensiones.

ALCORNOQUE *(Quercus suber)*

Identificación: Especie fácilmente reconocible por poseer en la corteza del tronco las señales evidentes de ser explotada por el hombre (de la corteza se extrae el corcho). Los ejemplares descortezados tienen el tronco de color rojizo, que se va volviendo más pardo con el paso del tiempo. Hojas coriáceas, lustrosas por el haz y recubiertas de un fino fieltro por el envés, de color verde oscuro. Bellotas como frutos.

Especies similares: La encina *(Quercus ilex)* es de hojas, flores y frutos semejantes, pero de muy diferente contextura en la corteza (la encina la posee muy oscura, con grietas poco profundas, de gran dureza; el alcornoque, clara, esponjosa y con grietas muy hondas).

Floración: En abril o mayo. Frutos en invierno.

Hábitat y distribución en el Parque: Prefiere los suelos desprovistos de cal. Forma grandes masas en las dehesas. Aislado o en grupos en las laderas, donde se asocia con todo tipo de arbustos.

Ejemplar de encina de 5 metros de altura (▲). Alcornoque de 9 metros (▼).

PINO RODENO *(Pinus pinaster)*

Identificación: Arbol piramidal de hasta 30 metros de altura. Ramas más o menos horizontales, con hojas aciculares muy largas (10 a 25 centímetros). Piñas aovadocónicas, de 8 a 20 centímetros, con escamas con escudete romboidal y piramidal muy puntiagudo. Conos masculinos (fotografía de la página opuesta) agrupados en cantidades variables, de color amarillo, con dos bolsas de polen en la cara inferior. Conos femeninos solitarios, de color pardo rojizo.

Especies similares: Otros pinos pueden inducirnos a error, pero en el Parque únicamente puede confundirse con el piñonero *(Pinus pinea)* el cual, como veremos abajo, es perfectamente diferenciable.

Floración: En abril o mayo.

Hábitat y distribución en el Parque: Al tratarse de una especie utilizada comercialmente, ha sido repoblado en las zonas donde ahora puede observarse dentro del Parque. Forma grandes pinares en diversos puntos, visibles desde lejos por su coloración verde oscura característica.

PINO PIÑONERO *(Pinus pinea)*

Identificación: Arbol de hasta 30 metros de altura, con forma muy peculiar: largo tronco recto y copa redondeada. Las hojas, aciculares, son punzantes, de color verde claro, de 10 a 20 centímetros de longitud, y aparecen de dos en dos, unidas por una diminuta vaina membranosa que las rodea en la base. Conos masculinos semejantes a los de la especie anterior. Piñas sin escamas puntiagudas, lustrosas y de 8 a 15 centímetros de longitud por 7 a 10 de anchura.

Especies similares: No es fácil confundirlo con otra especie, sobre todo si se tiene en cuenta la forma que le caracteriza, citada arriba.

Floración: De marzo a mayo.

Hábitat y distribución en el Parque: Especie típica del ecosistema mediterráneo (bosque y matorral), aparece diseminada por Monfragüe, con escasos ejemplares. Visible en las inmediaciones.

Inflorescencia y hojas de pino rodeno (▶).

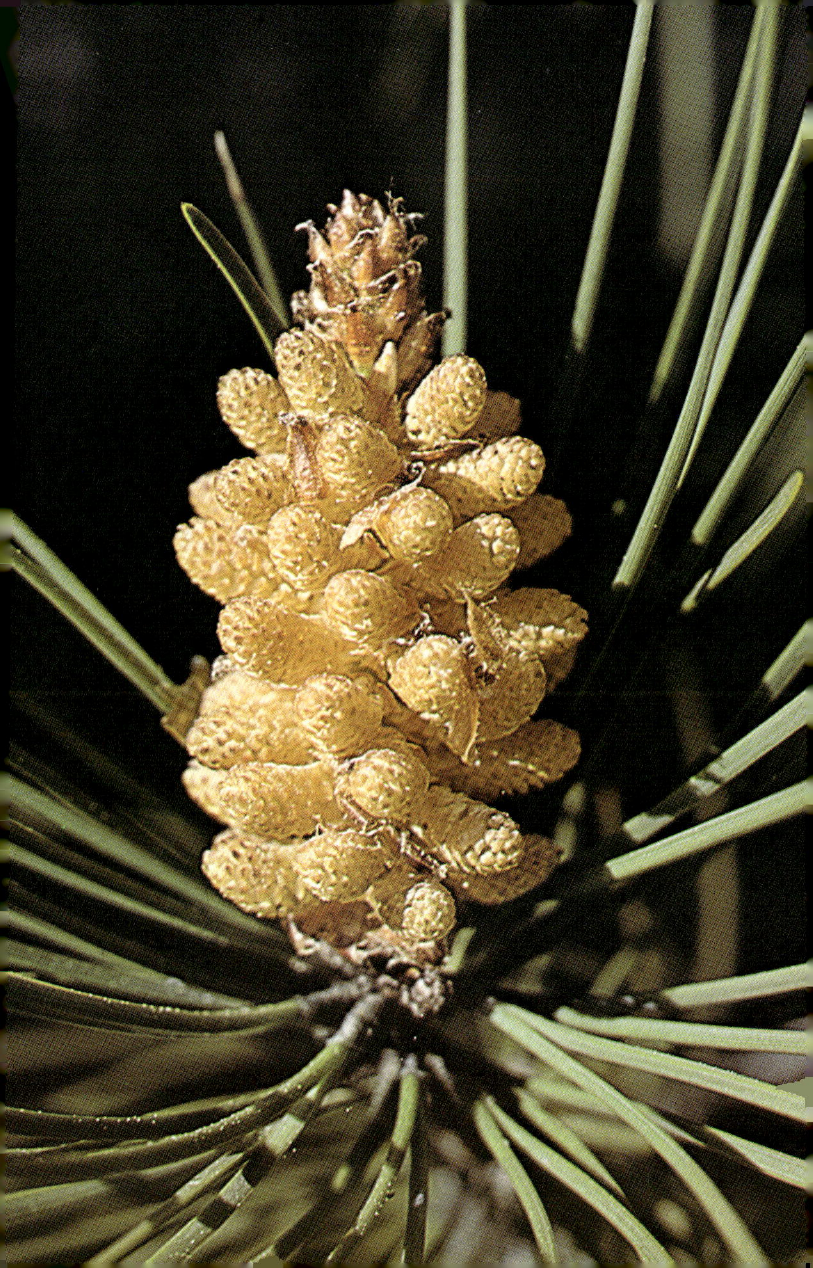

EUCALIPTO *(Eucalyptus camaldulensis)*

Identificación: Arbol esbelto y muy alto, que alcanza con facilidad los 30 metros, incluso más. Posee unas raíces muy especializadas en la penetración del terreno, de manera que llegan a superar la altura del árbol. La corteza del tronco es lisa, verdosa o grisácea, con gran cantidad de placas más oscuras (que no son otra cosa que pedazos de corteza que dejan su lugar a otros renovados). Las hojas son de color verde claro, pálidas, con el borde entero y forma lanceolada a veces recurvada.

Especies similares: No existen en el Parque.

Floración: No tiene época definida.

Hábitat y distribución en el Parque: Sobre todo tipo de suelos. Debido al proceso de repoblación o plantaciones artificiales, destinadas al uso industrial, aparece sobre suelos levantados, aterrazados por potentes escavadoras. Estas plantaciones ocupan hoy gran parte de las laderas que configuran la totalidad de las sierras del Parque. Se hacen muy visibles a la vista del viajero que llega a Monfragüe desde Plasencia, a ambos lados de la carretera y justo hasta llegar a Villarreal de San Carlos. También se observan desde la carretera de acceso al poblado de los Saltos de Torrejón.

Sobre esta especie pesan todo tipo de denuestos por parte de los ecologistas, quienes alegan que el suelo queda muy empobrecido tras la plantación de esta especie no genuina de la Península Ibérica. Precisamente fueron las primeras plantaciones de eucaliptos las que suscitaron la campaña de defensa de este paraje. Todos los indicios apuntaban hacia la total remodelación de la fisonomía del paisaje ancestral exhibido por estas sierras. El desmonte de especies autóctonas, tales como encinas, madroños, jaras, etc., llevaba un ritmo verdaderamente vertiginoso. El proceso fue frenado a tiempo, pero ahí quedaron cientos de hectáreas plagadas de estas nuevas plantas de rápido crecimiento. El contraste con las zonas naturales, muy notorio, queda en evidencia tanto por la diferencia en el colorido de las hojas, como por la propia coloración del suelo, tal y como se aprecia en la foto de la página opuesta.

Plantación de eucaliptos en las cercanías de Villarreal de San Carlos (▶).

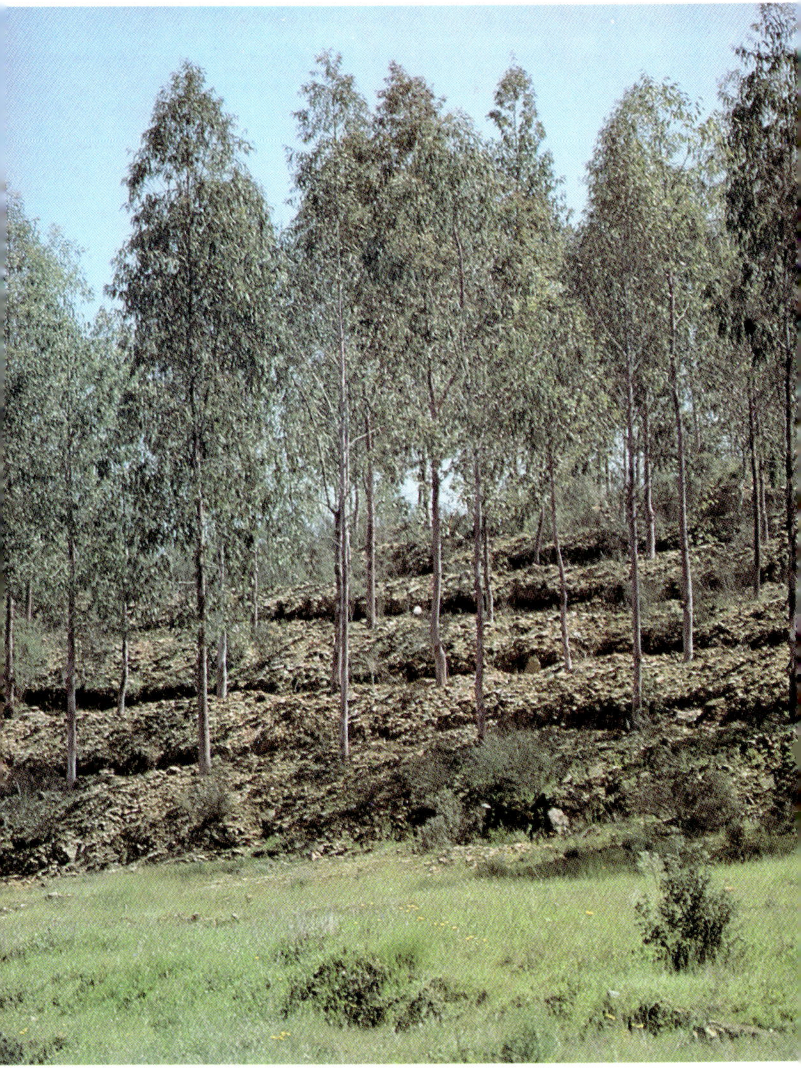

OTRAS ESPECIES

Muchas son las especies que se pueden catalogar en el Parque además de las citadas en las páginas precedentes. Por cuestiones de espacio no podemos citarlas todas. La elaboración de la lista exhaustiva la dejamos para los científicos o los lectores interesados en la Botánica. Será, sin duda, un ejercicio o una actividad interesantísima. Por ahora, vamos a ampliar un poco el grupo citado, atendiendo, como es nuestra norma, a las más representativas dentro del Parque Natural que nos ocupa. Así, ciñéndonos a los ecosistemas citados en otro lugar, encontramos las siguientes en el bosque y matorral mediterráneos: lentisco (*Pistacia lentiscus*), cornicabra (*Pistacia terebinthus*), lentisquilla (*Phillyrea angustifolia*), jaranzo (*Cistus populifolius*), jaguarzo morisco (*Cistus salvifolius*), jaguarzo fino (*Halimium ocymoides*), quirola (*Erica umbellata*) y coscoja (*Quercus coccifera*).

En el medio acuático, dentro del cual abordamos los sotos creados junto a los ríos y riachuelos, aparecen especies como el aliso (*Alnus glutinosa*), olmo (*Ulmus minor*), fresno (*Fraxinus angustifolia*), rosal silvestre (*Rosa canina*), cabrahigo (*Ficus carica*), tamujo (*Securinega tinctorea*), y majuelo (*Crategus monogyna*).

En el roquedo, por último, podemos hallar encinas achaparradas, varias especies de retamas (entre ellas *Genista cinerea*), también jaras, y al bellísimo ombligo de roca (*Umbilicus rupestris*).

Todas estas especies contribuyen, en la medida de sus posibilidades, a la exuberancia natural reflejada generosamente en el manto vegetal de las sierras inalteradas. La primavera, que hace florecer a la mayoría de las especies, resalta aún más esta particularidad, en coloridos y olores, mientras que el invierno sume al entorno en un compás de espera, más apagado, que se activará con fuerzas renovadas en cuanto la climatología así lo indique.

La flora, en definitiva, debe considerarse como el tesoro vivo inmóvil del Parque, a su vez generador indirecto de ese otro tesoro móvil personalizado en cada una de las especies animales que hemos retratado en las páginas de esta guía básica de tan singular rincón extremeño.

Bellísimo ejemplar de Umbilicus rupestris.

DE INTERES PARA EL VISITANTE

Accesos al Parque

Para llegar a Monfragüe podemos tomar varias carreteras, ya lo hagamos desde Madrid o desde Cáceres. Desde Madrid, el camino más corto nos conduce hasta Navalmoral de la Mata, por la N-V, para nada más pasar esta localidad tomar una carretera de reciente construcción que sale a la derecha y que conduce hasta Plasencia, pasando por Malpartida de Plasencia. Antes de llegar a esta última localidad, justo delante del puente sobre el río Tiétar, sale la carretera, a la izquierda, que nos lleva al Parque, cruzando previamente la estación de la Bazagona.

Desde Cáceres el camino más corto es la carretera que va a Torrejón el Rubio pasando por Monroy. Tiene el inconveniente de ser estrecha y muy sinuosa. También es aconsejable el tomar la N-521 hasta Trujillo, y desde aquí la C-524 que va a Torrejón el Rubio.

Si el acceso se realiza desde Plasencia no hay problema, ya que a la salida de la ciudad existen indicadores para dirigirse al Parque, precisamente en la intersección de la N-630 con la C-524.

Alojamientos

Hoteles en Plasencia, Trujillo, y Malpartida de Plasencia. Fondas en Malpartida de Plasencia y Torrejón el Rubio. Cámping 1ª categ. en la carretera C-524, km. 10 de Plasencia a Trujillo.

Gasolineras

En Plasencia, Torrejón el Rubio, Malpartida de Plasencia, Jaraicejo y Navalmoral de la Mata.

Centros de información

En Villarreal de San Carlos.

Direcciones de interés

ADENEX (Asociación para la Defensa de la Naturaleza y los Recursos de Extremadura): Larra, 50. Mérida (Badajoz).

ICONA (Instituto Nacional para la Conservación de la Naturaleza). Edificio Múltiple. Cáceres.

Dirección General del Medio Ambiente de la Junta de Extremadura: C/ Enrique Díez Canedo s/n. Mérida.

Consejos prácticos

La mejor época para visitar el Parque es la primavera, ya que es cuando los animales recobran su mayor actividad y cuando las plantas se visten de flores. El otoño también resulta aconsejable, pero no el verano ni el invierno, ya que el excesivo calor y el frío intenso, respectivamente, hacen particularmente imposible una estancia agradable y recompensada. No obstante, por ser la primavera la época en la que las especies animales, sobre todo aves, se entregan a la reproducción, **debemos tener el mayor cuidado para no interferir en sus procesos de incubación o cría de polluelos.** Será preciso, pues, atender todas las indicaciones que nos hagan los guardas y encargados de la vigilancia.

El uso de máquina fotográfica es, asimismo, muy aconsejable, a ser posible dotada de teleobjetivos de 200 a 400 milímetros, con lo que no es difícil captar una buena instantánea de cualquiera de las especies aladas que caracterizan este singular enclave. Un lugar con muchas posibilidades es el Salto del Gitano, donde constantemente vuelan los buitres leonados, tanto en una como en otra época. Los prismáticos y el catalejo también pueden ayudarnos en la observación de estas especies. Los prismáticos pueden servir simplemente de 8 x 30. El catalejo tampoco necesita aumentos mayores de 20.

El calzado debe ser fuerte en toda época, ya que el terreno en el Parque es abrupto y duro.

La vestimenta, a ser posible, debe ser verde o de camuflaje, o al menos sin colores chillones que delaten nuestra presencia desde lejos, con la consiguiente molestia para las especies animales. Las tiendas de campaña tampoco serán de colores vistosos, pese a que quedan instaladas en lugares donde se tiene la certeza de no alterar el correcto devenir de los fenómenos vitales del Parque. El silencio, por último, debe presidir todas nuestras excursiones, siempre realizadas por los itinerarios indicados como abiertos al público, o nuestras paradas al borde de la carretera para observar cualquier especie que cruce nuestro campo visual.

RUTAS POR MONFRAGÜE

Recorrer Monfragüe, conocerlo de punta a punta, descubrirlo por los cuatro costados, es, hoy por hoy, algo imposible. Su conservación así lo exige. Las zonas declaradas como Reserva Integral deben respetarse a ultranza. Nadie, bajo ningún concepto, puede arrogarse el derecho de paso por las zonas vedadas al tránsito humano, parajes que, en la práctica, aparecen con señalizaciones prohibitivas diversas, ya sean cadenas en las pistas, carteles o simples indicadores de tráfico. En cualquier caso, si tiene usted dudas, más vale que consulte en el Centro de Información de Villarreal de San Carlos. Allí podrá, asimismo, recabar gratuítamente folletos y mapas que le indican las opciones existentes, las rutas e itinerarios que sí que se pueden realizar.

A la hora de concebir el trazado de los itinerarios permitidos, las autoridades conservacionistas del parque han seguido la ideología de hacer compatible la conservación con el uso público, al tiempo que han buscado las distintas alternativas de manera que el visitante pueda tomar contacto con los valores naturales más representativos de Monfragüe.

Así han surgido las tres grandes rutas o itinerarios que vamos a describir en las próximas páginas, todas ellas realizables a pie, sin duda el modo más natural y menos degradante. Existe la posibilidad, no obstante, de realizar ciertos tramos —incluso otras rutas— en coche, faceta que no descartamos y que también comentaremos en su momento.

Nos permitimos recordarle, por último, que durante la realización de cualquiera de estas rutas, conviene seguir al dedillo las normas cívicas inherentes a este tipo de actividades y que se pueden resumir en las consabidas arengas de "no tire usted desperdicios ni basuras fuera de los contenedores destinados al efecto"; "no encienda fuego ni arroje colillas encendidas"; "no dé voces ni lleve aparatos de música a todo volumen"; "aparque únicamente en los lugares indicados", etcétera.

En los itinerarios que detallamos a continuación, establecemos tiempos de referencia, hecha la salvedad de que los describimos realizándolos con tranquilidad, sin prisas, deteniéndonos cada vez que lo estimemos oportuno, tanto para observar el paisaje como para tomar una foto si así lo deseamos.

ITINERARIO 1.º: VILLARREAL-CERRO GIMIO

Siguiendo las indicaciones que existen en Villarreal de San Carlos, iniciamos esta primera ruta eligiendo entre dos posibilidades: una, atravesando unos huertos entre paredes de piedra; y otra, siguiendo la pista forestal que parte a la izquierda de la carretera de Plasencia (C-524), a poco más de 100 metros del pueblo y antes de tomar la primera curva a la derecha que encontramos en dicho trayecto.

El itinerario comienza entre repoblaciones de eucaliptos y sigue un suave trazado descendente hacia el arroyo Malvecino. Aproximadamente a los 15 minutos, y después de haber bajado unos 100 metros en altitud, alcanzamos el cauce del arroyo. Poco antes ya aparece vegetación autóctona, con pies de encinas de escaso porte en las laderas, fresnos junto al arroyo y abundante vegetación arbustiva (jaras, brezos, majuelo, torvisco y ahulaga) tapizando y ocultando materialmente el suelo de pizarra de esta zona.

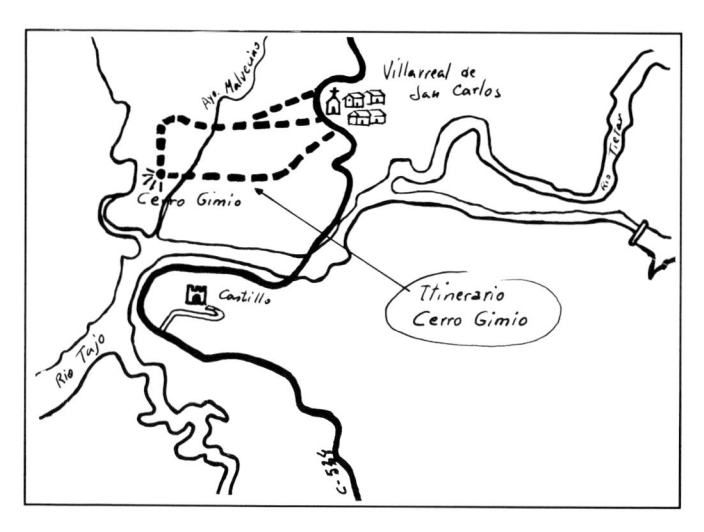

Antigua zona de acampada, es ahora punto de parada obligada (basta con 5 ó 10 minutos) en nuestra ruta, tanto para observar la flora, como para intentar descubrir la fauna. Existe aquí un puentecillo de madera sobre el arroyo, rodeado de alisos y abundantes helechos. Con suerte, podremos descubrir al martín pescador o a la lavandera cascadeña, siempre cerca de las aguas; entre la fronda, carboneros, herrerillos y currucas.

Reanudada la marcha, la señalización existente nos invita a seguir el cauce del arroyo. Diez minutos más tarde aparece el indicador "AL PUENTE DE PIEDRA", que nos aparta por momentos de la ruta de subida al Cerro Gimio. Son apenas 300 metros los que nos separan de este singular puentecillo construido con pizarras de la zona.

De nuevo en la ruta hacia la cumbre, abordamos la pendiente que es, sin duda, la parte más dura de todo el recorrido. Aquí vuelven a aparecer los eucaliptos. Tras una curva, la pista experimenta un ligero descenso, ahora entre pinares, preludio de la subida directa al cerro, cuya cumbre ya se divisa cercana. Desde este punto se obtiene una buena panorámica del Salto del Gitano, con el castillo y Peñafalcón recortados sobre el horizonte. Para llegar a lo alto sólo quedan 10 minutos, si bien la senda nos obliga a abrirnos paso entre un tupido jaral.

Todo el recorrido efectuado nos ha llevado aproximadamente 1 hora. También ahora es obligada la parada, sobre todo si contamos con unos prismáticos. La observación de aves rapaces resulta realmente sencilla. Por este emplazamiento pasan buitres leonados, alimoches, cigüeñas negras y halcones, nidificantes en los cortados de Peñafalcón e inmediaciones. También podemos visualizar algún azor o gavilán amante de los pinares y demás masas boscosas que hemos visto por el camino.

La vuelta la llevamos a cabo, siguiendo las indicaciones, bien por donde hemos venido o por la ERA DEL MANZANO. Si elegimos esta segunda opción, la ruta comienza entre eucaliptos, con abundantes brezos, jaras y cantuesos cubriendo los bordes del camino. Más tarde aparecen encinas, acebuches y lentiscos.

Al cumplirse la media hora de marcha, la senda corona un claro, donde se cruza con una pista y aparece un cartel PUENTE DEL CARDENAL-CASTILLO. El itinerario baja de nuevo y nos conduce directamente hasta la carretera después de otros 20-25 minutos de cómoda caminata.

TIEMPO TOTAL DEL ITINERARIO: 2 horas aprox.

Salto del Gitano desde el Cerro Gimio (▲). La ruta por los huertos (▼).

ITINERARIO 2.º: VILLARREAL-FUENTE DE LOS TRES CAÑOS-TAJADILLA

Esta ruta por el Parque Natural de Monfragüe comienza, al igual que la anterior, en Villarreal de San Carlos. Y también tiene dos opciones de salida: la primera comienza por delante de la iglesia; la segunda, al final de la calle principal del pueblo.

Tomando como referencia la segunda alternativa, iniciamos el itinerario con una suave bajada, para seguir entre paredes de pizarra que delimitan distintas huertas todavía fértiles. Poco después, a sólo un centenar de metros, la senda se hace más angosta y pasa junto a unos montones de piedras. La vegetación se muestra más frondosa (encinas, cantuesos, jaras, helechos, brezos, etc) a cada paso conforme descendemos y seguimos el curso de un arroyo.

Cuando llevamos aproximadamente 15 minutos de marcha (a paso tranquilo), alcanzamos una pequeña esplanada. A continuación, las marcas del itinerario aparecen sobre piedras a ambos lados del camino. Al coronar un repecho tenemos la oportunidad de avistar las presas del Tajo y Tiétar.

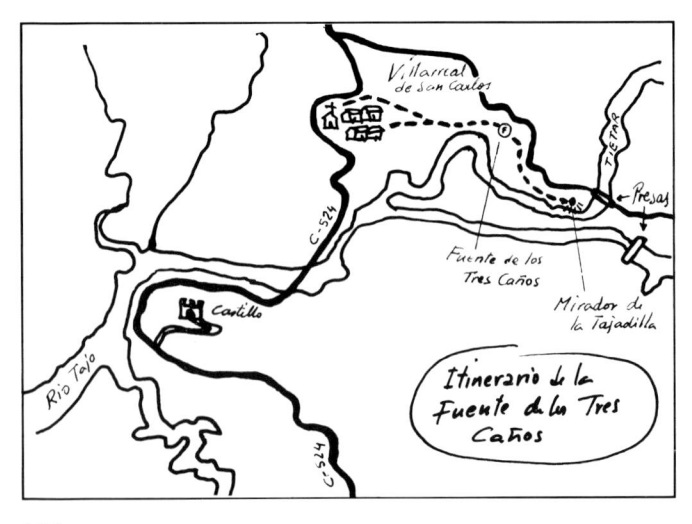

Fuente de los Tres Caños

A los 20 minutos nos encontramos junto a un cruce de caminos bien señalizado. Allí se lee: "CAMINO DE VILLARREAL POR EL NORTE". Este es precísamente el que partía del pueblo junto a la iglesia.

La senda continúa descendiendo y se introduce en un terreno de pizarras sueltas. Aquí aparecen numerosos eucaliptos. Arriba, a la izquierda, discurre la carretera que, partiendo de la C-524, se dirige hacia el poblado de los Saltos de Torrejón. Poco después vuelven las encinas a dominar el ambiente. Llevamos poco menos de media hora de recorrido cuando cruzamos un puentecillo de madera. La Fuente de los Tres Caños está a sólo unos metros, en medio de una frodosa arboleda.

La pequeña explanada que precede el camino de subida a la carretera presenta una indicación en forma de flecha: TAJADILLA. Entre encinas, jaras y cantuesos discurren los primeros centenares de metros. La senda baja más tarde hasta cruzar un arroyo y vuelve a subir. Un nuevo descenso nos conduce a un puentecillo.

La siguiente etapa vuelve a introducir los eucaliptos en escena. Y una vez fuera del eucaliptal, tras un repecho, observamos la mole de hormigón de la presa sobre el Tiétar. Unos minutos más tarde llegaremos al mirador instalado frente al cortado de la Tajadilla. Construido artesanalmente con madera, y dotado en su día de telescopio, ofrece varias troneras desde donde es posible observar los nidos de los buitres leonados, del alimoche y de la cigüeña negra, si bien ésta última no anida aquí todos los años y prefiere cambiarse de vez en cuando a otras plataformas cercanas.

Junto al mirador existe una explanada que puede utilizarse como aparcamiento mientras contemplamos la Tajadilla. Las autoridades conservacionistas del parque llevaron a cabo, hace varios años, una repoblación de árboles de este emplazamiento, de manera que hoy ofrecen sombra y un cierto camuflaje para los numerosos vehículos que aquí se detienen.

Después de permanecer el tiempo que se estime oportuno en el mirador, puede iniciarse la vuelta a Villarreal, a pie, desandando lo andado, o en vehículo, por la carretera existente a sólo unos metros del susodicho observatorio.

TIEMPO TOTAL DEL RECORRIDO: 1 hora.

Parada junto a la fuente (▲). Mirador de la Tajadilla (▼).

ITINERARIO 3.º: CASTILLO-UMBRIA-FUENTE DEL FRANCES

La tercera de las rutas que describimos en esta guía comienza justamente en el Castillo de Monfragüe, hasta donde se puede acceder cómodamente en coche (por una pista de tierra, después de dejar la C-524). Los últimos centenares de metros de esta pista esfan en muy mal estado, por lo que los vehículos deben estacionarse en el rellano existente en la base del paredón del castillo, antes de iniciar una fuerte pendiente. En este lugar, enormes ejemplares de alcornoques ofrecen sombra durante todo el año.

La subida al castillo, habida cuenta de que hay que hacerla a pie, hay quien la considera dura al tener que superar el obstáculo que suponen nada menos que 134 estrechos escalones de piedra de reciente restauración. Desde las almenas, a las que se accede por el interior del castillo, divisamos la mejor panorámica del parque: Peñafalcón al oeste, el embalse al norte, la sierra de las Corchuelas al este y la dehesa interminable al sur. Como aliciente añadido, la observación segura de numerosos

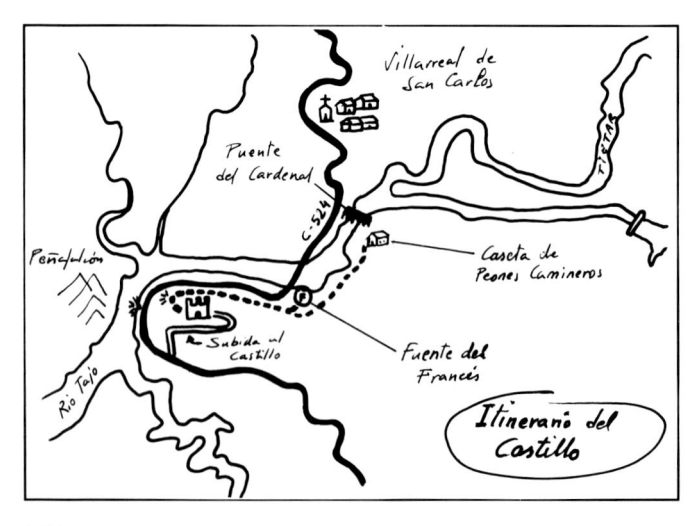

Acceso peatonal al Castillo

buitres leonados que pasan a muy pocos metros de nuestras cabezas, en su trasiego constante entre las repisas de cría y sesteo en Peñalfacón y los lejanos territorios de prospección. Tampoco es raro que les acompañe algún buitre negro. El alimoche, nidificante del cortado, ofrece mejores posibilidades si nos apostamos abajo, en la carretera, directamente frente a Peñafalcón, en el mirador instalado junto al asfalto (que no es otra cosa que un simple ensanchamiento del arcén, donde se puede estacionar con precaución). Completa el espectro de grandes aves observables mientras se realiza la ruta del castillo, el águila imperial, habitual en los cielos de la dehesa, donde tiene el más formidable cazadero. Descubrirla no siempre requiere prismáticos. A veces, basta con dirigir la mirada hacia donde se escuchen sus característicos "ladridos" de celo o de marcaje del territorio.

Junto a la ermita adosada a las paredes de la fortaleza hay un arco de piedra que marca el inicio de la ruta de bajada. Estamos por encima de los 400 metros de altitud.

Los primeros tramos son muy sinuosos, con un marcado zigzag entre rocas, acebuches y pequeños pies de encinas. Al discurrir bajo las paredes del castillo, esta parte conviene hacerla, a falta de casco, con notoriedad, sin la discreción que debe caracterizar todos nuestros movimientos por el parque. Es preferible que se nos vea y se nos escuche. La razón no es otra que la peligrosidad de la misma si en lo alto del castillo pululan visitantes, máxime si llevan niños que, en su constante afán lúdico, pueden arrojar piedras y otros objetos.

A paso normal, y a sólo cinco minutos de haber iniciado el recorrido, a través de un claro en la fronda, obtenemos una buena vista del embalse. Unos metros más abajo conseguimos, igualmente, otra extraordinaria panorámica de Peñafalcón, mejor iluminada por la mañana que por la tarde. Aquí, a un par de metros de la senda se forma una pequeña charca estacional entre las rocas, lugar muy querencioso para anfibios e insectos acuáticos.

La vegetación es, junto a los paisajes, el mayor atractivo de este itinerario. Se trata, en todo momento, de especies de tipo mediterráneo. El primer alcornoque, en cualquier caso, no

Ermita y arco de inicio a la ruta

aparece hasta que hemos descendido unos 100 metros en altitud. Lo tenemos al pie del camino, a la izquierda, cerca de las primeras retamas o escobones.

Lo mismo ocurre con las jaras, que aparecen un poco más abajo, cuando ya llevamos casi media hora de recorrido. Paulatinamente se acentúa la frondosidad y espesura de la vegetación. Lentiscos, brezos de más de dos metros de altura, y enormes ejemplares de madroño, de más de cuatro, aparecen a continuación, ocultando integramente la figura de cualquier caminante.

Contando con cortas paradas en la charca descrita y en el mirador de Peñafalcón, la ruta bien puede habernos ocupado 25-30 minutos hasta este punto, donde aparecerá la primera pedrera cruzando la senda. Al lado, ejemplares de rusco y nuevas madroñeras descomunales, preludio del superfrondoso tramo siguiente, en el que todavía se aprecia mejor la condición umbrófila de la vegetación.

El siguiente punto de parada es el cruce de caminos (son simples sendas, recordemos) marcado con señales de madera, próximo ya a la carretera y a la Fuente del Francés: Aquí, junto a unos escalones de madera, aparecen las siguientes flechas: VILLARREAL POR LA CASA DE LOS PEONES CAMINEROS, a la derecha, continuando por la ladera en ligera ascensión; VILLARREAL POR LA FUENTE DEL FRANCÉS, que es la que debemos seguir, hacia la izquierda y abajo; CASTILLO Y ERMITA, por donde venimos.

Cincuenta metros más abajo de este cruce se encuentra la Fuente del Francés, de aguas potables, punto final del itinerario establecido. Poco menos de 50 minutos marcará nuestro cronómetro, para un total de 2,5 kilómetros. Quien no cuente con un conductor de apoyo que le baje el vehículo desde el castillo, la vuelta a pie es obligada. Se puede descansar lo andado, pero quizá sea más interesante subir al castillo siguiendo la carretera. Son más kilómetros, y también más tiempo (se puede hacer, no obstante, en poco más de 60 minutos, aunque se suelen emplear casi 2 horas en cuanto nos descuidemos en las paradas), pero el recorrido merece la pena.

Este itinerario también se puede ampliar con la subida hasta la casa de los peones camineros una vez que hayamos

Observación desde el Castillo (▲). Primeros tramos por la Umbría (▼).

repuesto fuerzas en la Fuente del Francés. Desde este punto, si las aguas del embalse no están muy altas y permiten el paso por el Puente del Cardenal, es posible seguir la ruta hasta Villarreal de San Carlos. Hay quien realiza este recorrido justamente a la inversa, es decir, partiendo de Villarreal a pie, por el arcén de la carretera, para cruzar el embalse por el Puente del Cardenal, siguiendo por la caseta de los peones camineros y, desde aquí, a la Fuente del Francés y al castillo por la umbría, con vuelta por la pista de acceso a la fortaleza y por la carretera que pasa junto a Peñafalcón. En este caso, el itinerario resulta dilatado, por lo que conviene dedicarle, al menos, media jornada.

TIEMPO TOTAL DEL RECORRIDO CASTILLO-FUENTE DEL FRANCES: 50 minutos.

Cuando las aguas no lo tapan íntegramente, el Puente del Cardenal permite completar esta ruta a pie hasta Villarreal de San Carlos.

Otras excursiones de interés

Para los amantes del arte arquitectónico, la visita a Monfragüe puede completarse con estancias en los pueblos y ciudades de los alrededores, sobre todo en aquellas que vamos a citar seguidamente:

— Plasencia. Con imponente catedral de transición románico-gótica, además de numerosos palacios, fachadas heráldicas y rincones de antigua construcción.

— Trujillo. Con su castillo árabe, iglesia gótica de Santa María la Mayor y Plaza Mayor con bellísimos soportales.

— Cáceres, un poco más alejada, pero con todo un conjunto de edificaciones con varios siglos de existencia. Entre otras, podemos citar: La iglesia de San Juan, comenzada en el siglo XIII y acabada en el siglo XVII; la Torre de Bujaco, almohade, con torre almenada; la Casa de los Golfines de Arriba, del siglo XVI; el Arco de la Estrella, entrada a la ciudad por uno de sus costados, del siglo XVIII; la Casa de las Veletas, con el Museo Provincial en su interior, con fachada del siglo XVIII adornada de bellos escudos de las familias Cáceres y Quiñones; la Casa de las Cigüeñas, palacio al que pertenece la famosa Torre de las Cigüeñas, mandada desmochar por la reina Isabel la Católica en 1477 y que milagrosamente no conoció la ejecución de tal orden; el Palacio de Hernando de Ovando, del siglo XVI; y la Casa de Carvajal, igualmente del siglo XVI.

BIBLIOGRAFIA RECOMENDADA

José Luis Rodríguez: *"Monfragüe, sierra brava".* Fondo Natural. Madrid, 1992

F. Blanco; J. Garzón; S. Hernández y J. L. Pérez Chiscano (ADENEX): *"La Naturaleza en Extremadura."* Editado por el periódico "HOY". Badajoz, 1983.

J. Garzón y A. Silva: *"De la sierra al llano."* Edición de la Confederación Española de Cajas de Ahorros, 1976.

R. Peterson; G. Mounfort y P. A. D. Hollom: *"Guía de campo de las aves de España y Europa".* Omega. Barcelona, 1973.

A. Noval: *"El libro de la Fauna Ibérica."* Edit. Narance. Oviedo, 1975.

L. Blas Aritio: *"Guía de campo de los mamíferos españoles".* Edit. SPCCPN, 1971.

F. H. van den Brink y P. Barruel: *"Guía de campo de los mamíferos salvajes de Europa occidental."* Omega. Barcelona, 1971.

E. N. Arnold y J. A. Burton: *"Guía de campo de los anfibios y reptiles de España y Europa."* Omega, Barcelona, 1978.

B. J. Muus y P. Dahlström: *"Los peces de agua dulce de España y Europa."* Omega. Barcelona, 1975.

G. López: *"Guía de Incafo de los árboles y arbustos de la Península Ibérica."* Incafo. Madrid, 1982.

J. Ruiz de la Torre: *"Arboles y arbustos de España".* Salvat. 1977.

Santiago Hernández: *"Influencia de la acción humana sobre un ecosistema natural: Parque Natural de Monfragüe".* Tesis doctoral, 1983.

INDICE

Págs.

INTRODUCCION	8
BREVE BOSQUEJO HISTORICO	10
NOCIONES DE GEOGRAFIA:	
Situación del Parque	16
Núcleos de población	20
Evolución de la población	22
Explotación económica del entorno	24
Tradiciones, mitos y leyendas	28
CLIMATOLOGIA	30
ESTUDIO GEOLOGICO Y OROGRAFICO	32
LOS ECOSISTEMAS	38
1) El bosque y matorral mediterráneos	40
2) El roquedo de pizarras y cuarcitas	46
3) El medio acuático	52
LA FAUNA	58
A) Las aves	60
B) Los mamíferos	94
C) Los reptiles	110
D) Los anfibios	120
E) Los peces	130
LA FLORA	132
DE INTERES PARA EL VISITANTE	154
RUTAS POR MONFRAGÜE	156
OTRAS EXCURSIONES DE INTERES	171
BIBLIOGRAFIA RECOMENDADA	172
INDICE	173
AGRADECIMIENTOS	174
INSERCIONES PUBLICITARIAS	175

AGRADECIMIENTOS

A José Ramón Gil, José Luis González Grande y Carlos Sanz, por sus extraordinarias fotografías de águila imperial (pág. 65, inferior), cigüeña negra (pág. 81) y lince ibérico (pág. 101), respectivamente.

A Santiago Hernández y a Jesús Garzón por sus correcciones.

INSERCIONES PUBLICITARIAS

UN PARAISO

HOTEL CAÑ

C-511, Km. 42. Tel. 927 459 407 - Fax 927 459 43

58 HABITACIONES DOBLES - 3 SUITES
RESTAURANTE A LA CARTA "LOS GUIJOS" (cocina internacional y regional)
CAFETERIA "LAS VIÑAS" - TERRAZA DE VERANO "LAS MATAS"
PISCINA Y SOLARIUM
AMPLIOS JARDINES CON MAS DE 1.000 VARIEDADES DE PLANTAS.

DA REAL

MALPARTIDA DE PLASENCIA (Cáceres). España

A DOS HORAS DE MADRID.
A 10 MINUTOS DEL PARQUE NATURAL DE MONFRAGÜE.
PROGRAMAS PROPIOS DE EXCURSIONES Y ACTIVIDADES,
TANTO POR LIBRE COMO ORGANIZADAS
(Rutas a caballo, visitas al Parque de Monfragüe, Plasencia, etc.).

BAR RESTAURANTE MONFRAGÜE
"CASA PAQUI"

10695 VILLARREAL DE SAN CARLOS (Cáceres)
Tels. 927 199 002 - 908 621 613

– **Abierto todo el año.**

Junto al Centro de Información del Parque de Monfragüe, en Villarreal de San Carlos, ponemos a su disposición este BAR RESTAURANTE.

Características:
– Bar Restaurante.
– Salón-comedor, dispone de 130 plazas.
– Especialidades en cocina casera, carnes de la región, cabrito a la caldereta.
– Tienda de recuerdos.
– Productos de la comarca.
– Menús especiales para grupos.

BUNGALOW-CAMPING MONFRAGÜE

Carretera de Trujillo, Km. 10
PALAZUELO-MONFRAGÜE
10680 MALPARTIDA DE PLASENCIA (Cáceres)
Tels. 927 459 233 - 927 459 220

– **Abierto todo el año.**

Características:
– Amplia zona de acampada.
– Cómodos Bungalows.
– Tienda de alimentación.
– Restaurante-Cafetería.
– Piscina.
– Salón social.
– Pistas deportivas.
– Servicios-duchas.
– Fregaderos y lavandería

Servicios que ofrece:
– Rutas a caballo.
– Senderismo.
– Guías especializados.
– Animación sociocultural.
– Programación de rutas en coche.
– Ofertas para grupos y colegios.

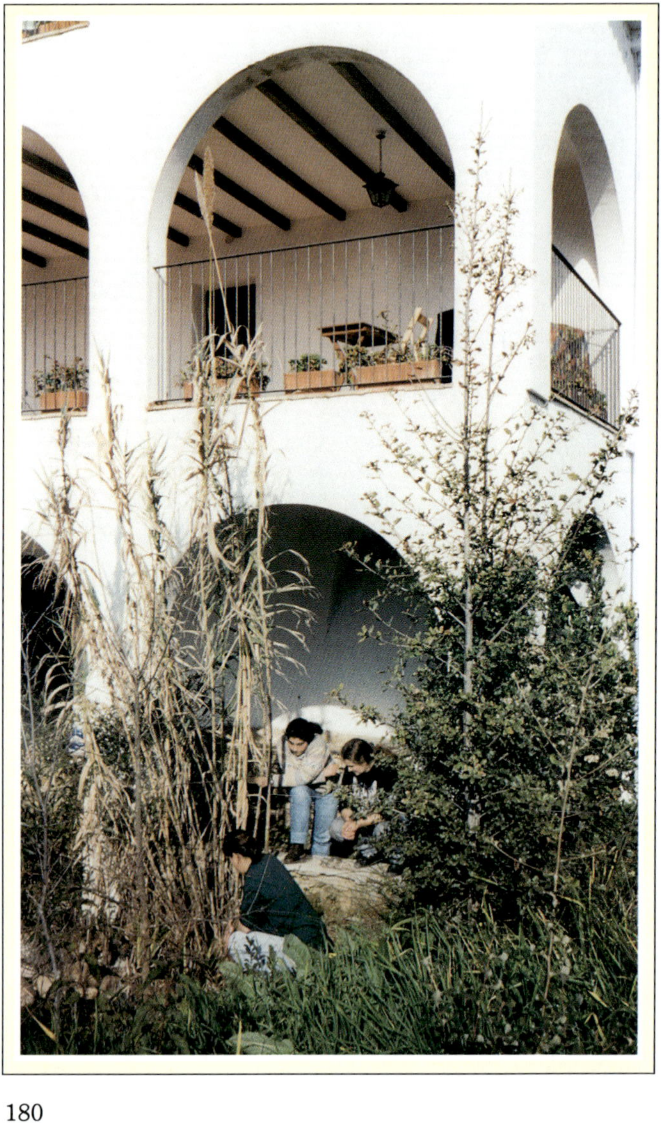

CENTRO DE EDUCACION AMBIENTAL Y ALBERGUE "LA DEHESA"

C/ Gabriel y Galán, 17
10694 TORREJON EL RUBIO (Cáceres)
Tel. 927 455 178 - Fax 927 455 096
e-mail: fondotorrejon@quercus.es

– **Abierto todo el año.**

Características:

– Exposición-Museo "La Dehesa".
– Jardín botánico: Bosque Mediterráneo.
– Tienda de recuerdos y productos artesanales.
– Publicaciones y cartografía.
– Las estancias en el albergue son para grupos organizados.

Actividades del centro:

– Programas de Educación Ambiental.
– Información Ambiental - Guías de naturaleza.
– Cursos de Formación Ambiental y Agroganadera.
– Proyectos de conservación de especies, hábitats y razas autóctonas.
– Campamentos, Campos de Trabajo e Intercambios Internacionales.

Hotel Rural "EL ALCAUDON"

C/ Caganchas, 17 - Tel. 927 547 500
Fax 927 547 501
10528 SERREJON (Cáceres)

ALCAUDON REAL, S.A., les ofrece un completo centro de ocio y gastronomía enclavado en un entorno natural privilegiado.
Nos encontramos en una casona antigua rehabilitada respetando al máximo los elementos constructivos tradicionales de la zona. Disponemos de ocho habitaciones con cuarto de baño privado, teléfono y calefacción central, así como de bar y un restaurante especializado en comida extremeña de calidad. Además, ofrecemos diversas actividades de Naturaleza en el entorno del Parque, con guías especializados.

LA TIENDA VERDE

(LA TIENDA DE LA CARTOGRAFIA)

LIBRERIA ESPECIALIZADA EN LIBROS Y MAPAS DE MONTAÑA Y TURISMO

BRUJULAS

C/ Maudes, 23 y 38
Tels. 915 353 810 / 915 343 257
915 330 791 - Fax 915 336 454
28003 MADRID

Albergue Parque de Monfragüe®

Chirpial, s.l.
Turismo Rural

Información y Reserva:

Teléfono 927 459 294
Paseo de Extremadura, s/n.
10680 MALPARTIDA DE PLASENCIA (Cáceres)